새로운 시대의 부,
디지털 자산이 온다

새로운 시대의 부,

디지털
자산이 온다

비트코인에서 NFT, 디파이와 메타버스까지
디지털 자산이 가져올 부의 기회를 잡아라

정구태 지음

미래의창

＊일러두기
　　본서의 환율은 별도의 설명이 없을 경우 집필 당시의 환율을 기준으로 했습니다.

돈을 버는 가장 쉬운 방법은? 아, 조금 더 정확하게 질문해보겠다. 돈을 벌 수 있는 가장 확률이 높은 투자 방법은? 돈이 넘쳐나는 지금, 그 자리에 있어야 한다. 주식 시장이 좋을 때 주식 투자를 하고 있어야 하고, 아파트 시장이 과열일 때 청약에 당첨돼야 한다. 양양이 서퍼 비치로 뜬다고 하면 그 언저리의 땅을 가지고 있어야 한다. 시장과 관계없이 수익을 올릴 수 있는 건 고수의 영역이다. 일반인들은 돈이 흐르는 길목을 지키고 있는 것만으로도, 투자 성공률을 높일 수 있다. 메타버스가 일상어가 된 지금, 어디에 발을 걸치고 있어야 돈을 벌 수 있을까? 디지털 자산이다. "가치가 변동하는 비트코인이 어떻게 화폐가 될 수 있느냐?", "사기 아니냐?" 이런 질문은 이제 그만 좀 내려놓자. 디파이가 초코파이처럼 새로 나온 과자라고 생각하는 사람이라면, '핀테크 혁명'이라는 주제로 열린 금융감독원 심포지엄에 왜 스타벅스 관계자가 초빙됐는지 의아한 사람이라면, JPEG 파일이 수십억 원에 거래된다는 사실을 도저히 믿기 힘든 사람이라면, 이 책부터 펼치자. 디지털 자산에 대한 최소한의 이해를 도와줄 것이다. 디지털 자산에 돈 벌 기회가 있다.

고란 알고란TV 대표이사 겸 경제 전문기자

10년 뒤의 미래를 생각해보면 블록체인은 우리 실생활에서 떼려야 뗄 수 없는 존재가 될 것이다. 하지만 아직도 많은 분이 블록체인을 구성하는 기본 개념들에 대해 생소하게 생각하는 경우가 있다. 블록체인을 공부하고자 하는 분들과 새로운 부를 꿈꾸는 분들에게 이 책이 좋은 가이드가 되리라고 생각한다.

김동주(김단테) ㈜이루다투자일임 대표이사 겸 내일은 투자왕 유튜브 크리에이터

이 책은 비즈니스적인 관점에서 디지털 자산의 탄생 배경부터 미래 예측까지 이해하기 쉽게 풀어서 쓴 책이다. 디지털 자산에 대해 처음 관심을 가지는 사람부터 왜 디지털 자산이 탈중앙화를 지향하게 되었고, 진정한 금융의 인프라가 되기 위해서는 현재 기술의 한계를 어떻게 극복해야 하는지 미래를 고민하는 전문가까지 모두에게 의미 있는 질문을 던지는 책

이다. 이 책을 통해 새로운 시대를 맞이하기 위한 마음가짐을 다시금 다져보는 계기가 되었으면 한다.

이상래 NH농협은행 디지털금융부문 부행장

디지털 문명을 향해서 급가속 페달을 밟고 있는 현시대에 디지털 자산의 등장과 확산은 지극히 필연적이고 자연스러운 일이라 생각된다. 이 책은 디지털 자산이 미래 사회와 경제를 어떻게 바꿀 것인지를 명쾌하게 설명하고 있다. 디지털 자산에 대한 의심에서 확신과 믿음으로 가는 가이드를 제공하고 있다.

문홍기 PwC컨설팅 부대표

디지털 자산시장은 하루가 다르게 급변하고 있다. 디파이, NFT 등 새로운 개념도 계속해서 등장하고 있다. 그간 변화와 성장이 너무 빨라서 어디서부터 공부를 해야 할지 모르겠다는 분들을 많이 만났다. 이 책은 그런 분들에게 든든한 안내서가 될 것이다. 하루가 다르게 급변하는 디지털 자산시장을 이해하기 위해 이 책의 일독을 권한다.

한대훈 SK증권 애널리스트

이론과 실무를 겸비한 금융 전문가가 잘 정리한 블록체인의 교과서다. 과거, 현재, 미래를 넘나드는 통찰력과 더불어 해외와 국내의 이야기를 균형 있고 재미있게 풀어내고 있다. 다가오는 미래를 고민하는 사람이라면 반드시 한 번은 읽어야 하는 책이다.

김준홍 페어스퀘어랩 대표이사 겸 KDAC 대표이사

디지털 자산으로 인해 변화할 미래 사회를 비즈니스와 투자적인 관점에서 쉽고 재미있게 풀어냈다. 실제 사례를 중심으로 디파이, NFT, 메타버스 등 MZ세대가 열광하는 디지털 산업에 대해 흥미롭게 접근했다. 이 책을 통해 디지털 자산의 가능성을 가늠하고 미래 금융을 상상해보는 계기가 되었으면 한다.

노진우 헥슬란트 대표이사 겸 카르도 대표이사

당신은 블록체인과 디지털 자산이 지금 내 눈에 보이지 않고, 당장 쓸 수 없기 때문에 현실과는 동떨어진 세계나 먼 미래의 이야기라고 생각하고 있지 않은가? 아쉽지만 저자는 이에 대해 단호히 "아니다."라고 말하고

있다. 불과 10년 전까지만 해도 친구의 스마트폰이 마냥 낯설었던 고등학생의 내가 지금 온몸으로 느끼는 이 세상을 당신도 하루빨리 경험해보길 바란다.

김소라 파이낸셜뉴스 블록체인부 기자

비트코인을 비롯한 디지털 자산의 상용화와 새로운 금융투자 자산으로서의 발돋움은 거스를 수 없는 시대의 흐름이 되었다. 여전히 디지털 자산의 실체에 대해 의문과 회의감을 품은 이들이 많은 것이 현실이다. 저자는 디파이와 STO, NFT 등 디지털 자산의 가능성과 금융시스템에 일으킬 발전에 대해 사례를 들어서 설명한다. 또, 여러 빅테크 기업들의 디지털 자산시장 진출 전략을 분석해 독자로 하여금 시대의 변화를 체감할 수 있도록 했다. 이 책을 읽는다면 디지털 자산의 비전에 주목하지 않을 수 없을 것이다.

김가영 팍스넷뉴스 블록체인팀 기자, 《블록체인 키플레이어: 암호화폐 거래소》 저자

디지털 자산-블록체인 혁명 이전의 핀테크는 아이폰이 등장하기 전의

모바일과 같다. 다가올 초연결 사회에서 모든 자산은 디지털의 형태로 전환돼 블록체인상에 존재하게 될 것이다. 비트코인, 이더리움, 디파이, NFT, STO, CBDC 등 디지털 자산에 대한 거의 모든 개념이 이 책에 담겨 있다. 금융의 패러다임 변화를 엿보고 싶은 독자들에게 이 책을 추천한다.

한중섭《비트코인 제국주의》,《넥스트 파이낸스》저자

디지털 자산,
자산의 개념을 재설계하다

인터넷과 비트코인

'인터넷'은 오늘날 우리 생활에 가장 큰 영향을 주었다고 해도 과언이 아니다. 1969년에 인터넷이 처음으로 세상에 등장했을 때 사람들은 그 기반 기술은 무엇이며 어떻게 작동하는지 이해하기 위해서 각고의 노력을 기울였다. 하지만 지금은 인터넷이 어떤 원리나 어떤 기술을 가지고 작동하는지에 관해서 관심을 두는 사람은 없다. 이제 인터넷은 일상이자 활용 가치로서 우리 생활의 일부로 깊숙이 자리 잡았으며, 누구도 인터넷의 존재에 대해서 의문을 품지 않는다.

2007년에 아이폰이 등장하면서 우리는 스마트폰을 통해 언제 어디서나 인터넷에 연결할 수 있게 됐다. 이후 스마트폰은 우리 곁의 필수품으로 자리 잡았다. 이처럼 인터넷은 인간의 생활 양식까지 점차 바꿔놓았다. 후대 사람들은 우리 세대를 '비포 인터넷Before Internet, BI'과 '애프터 인터넷After Internet, AI'으로 나눠서 구분할지도 모른다. 또한, 인터넷은 세상의 모든 정보를 대중에게 골고루 나눠주었는데 이는 마치 기존의 중앙집중화된 데이터, 즉 권력을 모든 대중에게 분산하는 효과와도 같았다.

금융업에서도 인터넷은 마찬가지로 혁신을 일으켰다. 2008년의 세계 경제 위기는 금융기관의 탐욕과 감독기관의 방임으로 인해 사전에 예고된 인재人災였다. 무너져버린 금융시스템의 피해는 결국 국민 개개인 모두가 고스란히 떠안았다. 그래서 이듬해 1월에 중앙집권형 금융시스템의 폐해에 반기를 들며 나타난 비트코인과 그 기반 기술인 블록체인은 세상의 이목을 집중시켰다. 중앙통제기관을 배제하고 금융의 탈중앙화를 시도한 기술과 서비스는 혁신적인 아이디어였다. 이 중지불과 위·변조가 불가한 거의 완벽에 가까운 인터넷 기반의 전자화폐를 만들어낸 것이다. 하지만 현실은 성공을 논하기엔 너무 일렀다. 실생활에 쓰이지 못하는 비트코인에 대한 대중의 관심은 빠르게 달아오른 만큼이나 빠르게 식어갔다. 이후 수많은 서비스와 기업이

이 분야에서 실패를 맛보았다. 결국, 비트코인과 블록체인은 점차 사람들의 뇌리에서 잊혀졌다.

　그러나 현재 두 번째 물결이 우리를 강타하고 있다. 이 물결은 디지털 세상에 어울리는 진일보된 기술과 시대정신으로 재무장하고 우리 앞에 다시 나타났다. 우리는 그것을 디지털 자산Digital Asset이라고 부른다.

의심과 확신 그리고 믿음

여러분은 어린 시절에 일명 '색판 뒤집기'라는 게임을 해본 적이 있을 것이다. 앞뒷면에 붉은색과 파란색으로 각기 다른 색이 칠해진 네모난 색판을 두고 색에 맞춰서 편을 나누고 정해진 시간 동안 상대방보다 먼저 자기 색판으로 많이 뒤집는 사람이 이기는 게임이다. 디지털 자산에 대한 세간의 평가가 갈리는 지금은 '의심하는 자'와 '확신하는 자'로 편이 나누어진 과도기다. '어느 편이 먼저 상대의 색판을 자기 색판으로 빨리 뒤집을 수 있을까?' 즉, 누가 먼저 상대방을 설득해서 사회적 합의에 도달할 수 있느냐가 디지털 자산시장의 성패를 가를 것이다.

2017년의 '비트코인 광풍'이 정부를 비롯한 기존 중앙기관에 맞서서 소수의 개인이 주도하는 전투였다면, 현재의 '디지털 자산 열풍'은 기업과 개인이 모두 단결해서 동참하는 형태의 전쟁이다. 믿음을 가진 이들은 의심을 확신으로 바꾸려고 시도하고 있다. 인터넷을 기반으로 한 탈중앙금융의 아이디어가 이 물결을 따라서 함께 흐르고 있다. 비트코인으로부터 시작된 작은 변화가 점차 디지털 자산에 대한 확신과 믿음을 세상에 심어주고 있다.

디지털 자산은 크게 두 가지 존재 목적을 가진다. 우선 하나는 순수하게 자산을 보유하기 위한 목적이다. 코로나19 팬데믹으로 인해 시중에 막대한 현금이 풀린 지금, 디지털 자산은 인플레이션 방어 수단으로서 그 가치를 십분 발휘하고 있다. 테슬라, 트위터, 페이팔, 스퀘어 등 유수의 글로벌 기업들이 디지털 자산을 보유하며 디지털 자산의 투자 가치를 인정하고 있다.

다음으로 두 번째 목적은 디지털 자산을 활용한 비즈니스 모델의 개발과 접목이다. 전 세계인의 집단지성을 바탕으로 디지털 자산 업계는 지속해서 발전에 발전을 거듭하고 있다. 이제는 화폐에서부터 음원, 그림, 건물, 증권 등 현존하는 거의 모든 자산을 디지털 자산으로 구현할 수 있게 됐다. 앞으로 우리가 맞이하게 될 디지털 시대는 새로운 비즈니스 모델을 연계, 융합하거나 새롭게 재창조할 수 있는 시대다. 이것이 바로 디지털 자산이 갖는 매력이자 우리가 디지털 자산에 주목해야 할 이유다.

거스를 수 없는 거대한 물결, 디지털 자산

본서는 비트코인이나 블록체인의 기술을 분석하거나 설명하는 기술서가 아니다. 그보다는 디지털 시대로 나아가기 위해서 그 필수요소인 디지털 자산을 이해하고 관련 미래를 전망해 그 이면에 감춰진 인사이트를 나누고자 한다. 책의 내용은 디지털 자산의 본질적인 의미와 이를 기반으로 변화하는 사회 모습, 제도적인 역할 등 크게 세 가지 부로 정리했다.

1부 '디지털 자산 시대의 개막'에서는 디지털 자산의 등장 배경과 개념, 디파이DeFi, 증권형 토큰 공개STO, 대체불가토큰NFT, 중앙은행 디지털화폐CBDC 등의 개념에 대해서 알아본다. 2부 '디지털 자산, 어떻게 미래를 바꿀 것인가'에서는 스타벅스, 테슬라, 페이스북, 아크 인베스트 등 해외 기업의 디지털 자산 활용 사례에서부터 카카오, 네이버, 넥슨, 다날 등의 국내 기업이 꿈꾸는 미래상을 알아본다. 마지막으로 3부 '거스를 수 없는 흐름, 디지털 자산'에서는 디지털 자산을 대하는 우리의 자세와 이를 뒷받침할 만한 제도적인 보완 등을 제언하며 글을 마무리했다.

필자는 디지털 자산을 바탕으로 세계가 변화하는 일련의 모습을 통해 디지털 세상의 변혁을 그려보고자 했다. 본서를 통해 디지털 자산이 나와 다른 세상의 얘기가 아니라 이미 우리 곁에 다가온 미래이며 원한다면 우리가 직접 체험할 수 있는 현실이라는 것을 빨리 자각했으면 한다. 막연하게 생각했지만, 실은 이미 우리 곁에서 구체화되는 미래를 배우고 그 변화의 가치를 함께 나누고자 한다. 어떤 이는 이를 통해 세상을 살아가는 지식을 얻고, 미래를 준비하는 지혜를 갖추며, 새로운 투자 기회를 포착할 수 있을지도 모른다. 앞으로 디지털 자산이 우리의 삶에 각자 어떤 의미로 유용하게 쓰일 수 있을지 상상해보며 본서를 시작한다.

저자 정구태

목차

1부 디지털 자산 시대의 개막

1부

디지털 자산 시대의 개막

모든 디지털 자산의 시작,
비트코인과 이더리움

• • •

2008년 8월, 비트코인Bitcoin이 세상에 처음 등장했을 때 대부분의 사람은 이를 어떻게 불러야 할지 몰라서 막막해했다. 중앙정부의 정책을 토대로 나온 결과물이 아니라 민간이 주도해서 만든 것인 데다가 심지어 누가 만들었는지도 모르는 완전히 새로운 신문물이었기 때문이다. 비트코인에 열광하는 이들은 블록체인 기술과 탈중앙화된 화폐로서 비트코인의 가치를 강조해 디지털화폐, 암호화폐, 암호자산이라고 불렀고 비판론자들은 허상, 허구라는 의미를 부여해 가상화폐, 가상통화, 심지어 가상증표라는 이름으로 불렀다.

2020년 3월에 정부가 발표한 「특정 금융거래정보의 보고 및 이용 등에 관한 법률」(이하 「특정금융정보법」)에서는 이를 가상자산Virtual Asset이라고 명명했다. 하지만 사실 '가상'이라는 명칭은 암호Crypto나 디지털Digital보다 막연하고 실체가 없다는 의미로 주로 사용된다는 점에서 적절치 않다. 암호는 가상보다 전문적이긴 하지만 너무 기술적인 표현이고 다소 접근하기 어렵다. 우리 주변에서도 흔히 쓰이는 '디지털'이 보다 광범위하고 포괄적인 개념을 다룰 수 있다는 점에서 좀 더 어울릴 것이다. 또한 화폐, 통화에 한정된 협의의 개념보다 유·무형의 형태로 경제적 가치를 지닌 모든 것, 즉 '자산'이라는 광의의 개념으로 비트코인을 정의하는 게 맞을 것이다. 결국, 디지털 자산이라는 명칭이 현재로서는 가장 정확한 명칭이라고 볼 수 있다. 이미 미국, 유럽 등 주요 선진국에서도 '화폐'의 개념보다는 '자산'이라는 의미에 더욱 방점을 두고 있으며 미국 금융당국이나 일반기업들도 '디지털 자산Digital Asset'이라는 용어로 통용하고 있다.

디지털 금, 비트코인

•

디지털 자산의 개념을 정확하게 이해하기 위해서는 비트코인에 대한 이야기부터 시작하지 않을 수 없다. 디지털 자산의 개념을 처음으로 도입한 것이 비트코인이고, 이로부터 현재까지 약 1만 개에 가까운 디지털 자산들이 운영 및 거래되고 있기 때문이다.

비트코인은 세계 금융위기라는 시대적인 배경을 가지고 탄생했다. 2007년에 촉발된 서브프라임 모기지론(비우량 주택담보대출) 사태로 인해 리먼브러더스, 메릴 린치, AIG 등 수많은 거대 금융기관이 이 위기를 극복하지 못하고 파산하거나 강제 분할 및 매각됐다. 기존에 미국의 초저금리가 유지되는 동안 미국의 금융기관들은 신용 등급이 불량한 이들에게까지 서브프라임 모기지론을 제공했다. 특히 금융기관은 무분별하게 대출을 제공하는 동시에 이를 우량 자산과 합성한 파생상품까지 만들거나 발행해서 팔았다. 이후 기초 자산인 부동산이 폭락하자 서브프라임 모기지론 상품의 부도가 시작됐고, 결국 가장 안전한 금융기관인 은행까지 타격을 받았다. 거품이 잔뜩 낀 모기지론은 주택 가격이 하락하자 회수할 수 없게 됐다. 점차 손실 규모가 어마어마하게 확대되자 결국 금융기관들은 항복을 선언하고 정부에 구제금융을 요청했다. 그러나 이러한 문제를 일으킨 원인인 투자 은행의 경영진들은 이미 막대한 퇴직금을 받고 물러난 뒤였다. 이런 상황에서 금융기관들은 정부자금을 지원받게 됐고 결국 그 피해는 투자자인 개인들에게 고스란히 떠넘겨졌다.

비트코인은 이러한 시기에 타락한 금융기관에 저항하는 의미에서 탄생했다. 2009년 1월 정체가 베일에 싸여 있는 비트코인의 창시자 사토시 나카모토Satoshi Nakamoto가 비트코인의 제네시스(최초) 블록을 생성하면서, 당시《타임》1면 기사 제목이었던 "두 번째 구제금융을 하기 직전인 영국 재무장관"이란 글귀를 집어넣었다. 정부와 은행의 야합이 선량한 일반인에게 피해를 주고 있다는 것을 명기하고 이에 대한 저항정신을 담은 것이다. 중앙정부나 은행의 간섭을 받지 않는 탈중앙화된 금융시스템을 만들겠다는 의지의 표명이었다.

비트코인의 최초 기획안이라고 할 수 있는 백서White Paper의 제목은 'P2P 전자화폐 시스템'이다. 세계 최초로 개인과 개인이 직접 거래할 수 있는 탈중앙화된 전자결제 시스템을 구현한 것이다. 비트코인은 블록체인 기술을 기반으로 운영되는데, 블록체인은 비트코인의 핵심이자 네트워크를 지탱하는 힘이다. 비트코인은 은행, 증권사와 같은 중앙기관을 거치지 않고 'P2P Peer to Peer(개인 간)' 네트워크상에서 당사자 간에 직접 결제가 가능한 송금 시스템이다. 거래 내역을 블록체인에 기록하고 블록이라는 데이터 덩어리를 연결해 조작이나 위·변조가 불가능하도록 만들었다. 이처럼 비트코인은 탈중앙화된 금융 시스템을 위한 플랫폼이다. 그러나 거래 당사자가 많아지고 블록의 규모가 점차 커지면서 문제가 하나둘씩 발생했다. 최초의 구상과 달리 처리 속도가 현저히 떨어지고 거래 비용 또한 점점 높아지면서 화폐로서의 효율이 떨어지게 된 것이다.

결제수단이나 화폐의 관점에서 보면 비트코인은 그리 매력적이지 않을지도 모른다. 화폐는 가치교환, 가치측정, 가치저장이라는 세 가지 특성을 가지는데, 현재의 비트코인은 이 세 가지 특성에 적합하지 않기 때문이다. 비트코인은 1초에 약 7건의 결제를 처리할 수 있다. 이는 초당 약 200건을 처리하는 페이팔, 약 24,000건을 처리하는 비자 등의 글로벌 결제사들에 비하면 현저히 느린 속도다. 이 정도로 느린 네트워크 속도로는 가치교환 역할을 제대로 수행하기 어렵다. 가치측정 면에서도 비트코인은 활용성이 떨어진다. 하루에도 10% 이상의 급등락을 반복하는 실시간 가격 변동성 때문이다. 가격의 본질적인 의미는 어떤 한 재화가 다른 재화와 교환되는 비율이다. 실시간으로 급격하게 가격변동이 발생하는 비트코인의 가격변화는 교환 비율의 측정을 어렵게 한다.

초창기에는 이처럼 비트코인의 결제 시스템 측면만을 강조해서 바라보았다. 하지만 사실 비트코인의 가장 큰 특성은 가치저장에 있다. 글로벌 신용평가사인 스탠더드앤드푸어스는 비트코인은 채굴량이 정해져 있어서 희소성을 가진다는 점과 전통 금융시장의 영향을 덜 받으며 공급량을 조절하기 어렵다는 점에서 대표적 대체투자자산이자 가치저장 수단인 금Gold과 유사하다고 했다. 최근 미국의 월가를 비롯한 IT 대기업들이 비트코인을 비롯한 디지털 자산의 가치저장 수단에 주목하고 있는 것도 이 때문이다.

비트코인이 가치저장 수단으로서 금과 비교되는 가장 큰 이유는 희소성 때문이다. 비트코인의 최대 공급량은 2,100만 개로 설정돼 있어서 신규 공급량이 지속해서 감소한다. 최초 설계 당시부터 인플레이션을 고려해서 설계된 결과다. 2021년 1월 한화자산운용에서 발간한 리서치 보고서에 따르면, 비트코인과 금의 희소성이 2021년에는 비슷한 수준이지만, 2025년이 되면 비트코인이 금보다 약 2배 정도 앞설 것으로 분석했다. 투자자문사인 디비어 그룹Devere Group에서 전 세계 각지의 밀레니얼 고객 700명에게 설문조사를 실시한 결과, 앞으로 비트코인이 금보다 안전자산 역할을 할 것이라는 응답이 67%에 이르기도 했다.

"비트코인과 같은 또 다른 비트코인을 만들면 희소성이 사라지지 않을까?"라는 질문이 나올 수도 있다. 그러나 비트코인은 세계 최초의 디지털 자산으로서 지난 십 수년간 기술적·활용적인 면에서 스스로 가치를 증명해왔다. 또한, 비트코인은 누구도 넘볼 수 없는 엄청난 네트워크 효과를 전 세계인을 대상으로 실현했다. 결국, 특정한 소유자나 운영자가 존재하지 않고 기술적으로도 완벽하게 탈중앙화됐으며 지금까지 단 한 번도 해킹된 적이 없는 비트코인 네트워크를 제치고 제2, 제3의 비트코인을 만들어내기란 거의 불가능에 가깝다.

2021년 1월 미국 최대 은행 중 하나인 JP모건이 보낸 투자자 서한에 따르면, 비트코인은 투자자산으로서 금의 강력한 경쟁자로 떠올랐으며, 향후 금과 비슷한 위치에 도달할 경우 장기적으로 그 가치가 약 14만 6,000달러(한화 약 1억 7,000만 원)에 이를 수 있다는 전망을 내놓았다. 코로나19 팬데믹으로 인해 세계 각국의 중앙정부는 경기 부양을 위한 돈 풀기에 여념이 없다. 최근 1년 사이에 미국 내의 통화량만 해도 무려 약 25%나 증가했다. 이러한 실물경제의 유동성 공급은 모든 자산 가격의 상승을 부추겼는데, 비트코인도 예외는 아니었다.

이런 상황에서 테슬라, 스퀘어, 트위터 등의 글로벌 기업들이 인플레이션 방어 수단으로 비트코인을 선택하면서 기업들이 점차 비트코인을 투자자산으로 인정하는 분위기가 형성되고 있다. 테슬라는 2021년 2월 약 15억 달러(한화 약 1조 7,000억 원)가량의 비트코인을 구매해 자사의 자산 계정에 넣었으며, 글로벌 간편결제사인 스퀘어도 2021년 5월을 기준으로 약 1억 7,000만 달러(한화 약 1,887억 원) 규모의 비트코인을 보유하고 있다. 월가의 투자자들도 비트코인을 자신들의 자산 포트폴리오에 편입시키기 시작했다. 2021년 4월 미국의 대형 은행인 모건스탠리는 비트코인 펀드를 출시해 출시 2주 만에 약

2,940만 달러(한화 약 328억 원)의 판매고를 올렸고 JP모건, 골드만삭스도 비트코인 투자상품을 2021년 내로 출시할 예정이다.

국내 기업들도 비트코인을 비롯한 디지털 자산에 관심을 보이며 이를 구매하기 시작했다. 2021년 4월 넥슨은 1,717개의 비트코인을 약 1억 달러(한화 약 1,133억 원) 규모로 매수했고 게임사인 위메이드도 비트코인을 보유하고 있다고 발표했다. 2021년 2월을 기준으로 비트코인의 시가총액은 전 세계 금 유통량의 7.5% 수준으로, 추가 상승 여력은 여전히 존재할 것으로 보인다.

한편, 비트코인은 금과 비슷한 속성을 가지면서도 소수점 아래 8자리까지 잔돈 단위로 나눠서 사용할 수 있는 가분성可分性과 물리적 공간을 차지하지 않는다는 보관 편의성도 가지고 있다. 또한, 금과 차별점도 가지고 있는데, 가장 큰 차이점은 결제수단으로써의 가능성이다. 사토시가 실현하고자 했던 글로벌 전자화폐를 기존 금융사가 이어받아서 구현해내고 있는 격이다. 글로벌 간편결제사인 페이팔, 스퀘어, 벤모Venmo 등은 현금, 카드와 더불어서 비트코인을 화폐의 역할로 활용할 계획을 세우고 있다. 페이팔은 이미 2020년 10월부터 비트코인, 이더리움 등을 활용한 결제서비스를 제공하기 시작했다. 페이팔은 디지털 자산 결제서비스가 성장하면서 2021년 1분기 매출이 전년 동기 대비 31%나 증가했다. 금과 비슷한 속성을 가지면서 디지털 시대에는 금보다도 활용 가치가 높은 비트코인, 개인으로부터 시작한 대중의 인식 변화에 글로벌 기업들이 동참하면서 비트코인에 대한 평가도 점차 달라지고 있다.

비트코인 vs 금

필요 요소	비트코인	금	비고
희소성	○	○	• 비트코인-최대 공급량 2,100만 개 • 금-매장량 고려 시 수십 년 뒤 고갈 예상(골드만삭스 추정)
불변성 (높은 내구성)	○	○	• 비트코인-블록체인상의 기록은 위·변조 및 해킹이 현실적으로 불가 • 금-산화에 대한 저항력이 높아 오랜 기간 변하지 않는 성질을 가짐
외적 매력도	X	○	• 비트코인-실체가 없어 실물 매력도는 없음 • 금-빛을 반사하는 성질
가분성	○	△	• 비트코인-작은 단위(사토시)로 나누어서 거래 가능 • 금-제련 과정을 거치면 금화, 골드바 형태로 제작 가능
대체가능성	△	X	• 비트코인-짧은 역사를 가진 자산으로 대체가능성 존재 • 금-수천 년 동안 그 가치를 인정받아 온 자산으로 대체 가능성 매우 낮음
결제수단	○	X	• 비트코인-디지털 결제에 용이(BTC로 아메리카노 한 잔 주문 가능) • 금-종이 화폐/온라인 결제 등으로 인해 오늘날 결제수단 역할을 하지 못함
보관 및 운반 비용	낮음	높음	• 비트코인-디지털 지갑을 통해 손쉽게 보관 및 운반 가능 • 금-보관 비용이 많이 드는 편이며 특정 한도 내에서만 운반 가능

출처: 그레이스케일, 체인파트너스

디지털 플랫폼, 이더리움

●

이더리움Ethereum은 2021년 초부터 급격하게 오른 가격 덕분에 관심
이 더욱더 뜨겁다. 디지털 자산 정보사이트인 코인마켓캡Coin Market
Cap에 따르면 2021년 5월 이더리움의 시가총액은 약 3,882억 달러
(한화 약 437조 원)로 마스터카드, 엔비디아, 뱅크오브아메리카의 시가
총액을 이미 넘어섰다. 약 2조 2,000억 달러(한화 약 2,477조 원)에 달하
는 디지털 자산 전체 시가총액 중에서 이더리움이 차지하는 비중은
약 17%가량으로, 비트코인을 제외하면 가장 크다.

이더리움 가격 변동 추이

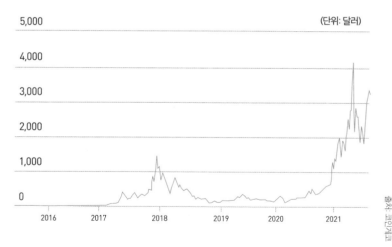

출처: 코인개코

이더리움의 가격 변동은 디지털 자산에 대한 투자자들의 관심도를 직접적으로 보여주는 지표
다. 2021년 1월부터 시작된 급등보다는 지속해서 성장세를 유지하고 있다는 점에 더 주목할
필요가 있다.

이더리움은 2015년 7월에 러시아계 캐나다 엔지니어인 비탈릭 부테린Vitalik Buterin이 창시했다. 2014년 부테린은 초기 코인공개, 즉 ICO Initial Coin Offering라는 크라우드펀딩 방식의 자금 조달 방법을 최초로 도입해서 프로젝트 개발 자금을 모았다. 이더리움은 프로그래밍이 가능한 디지털 자산으로, 블록체인 네트워크를 기반으로 다양한 서비스를 만들 수 있는 플랫폼이다. 앞서 설명했던 비트코인을 '디지털 금'이라고 한다면, 이더리움은 '디지털 플랫폼'이라고 칭할 수 있다. 이더리움은 비트코인의 아이디어를 기반으로 만들어졌으므로 비트코인의 핵심 기능인 블록체인 기술을 그대로 계승했다. 또한, 디지털 자산으로서 교환, 전송 기능뿐만 아니라 프로그램 실행을 위한 스마트 계약 기능이 추가돼 '비트코인 2.0'으로도 불린다. 즉, 이더리움은 플랫폼이고 이를 통해 제공되는 이더ETH는 디지털 자산이라고 할 수 있다.

또한, 이더리움은 블록체인 네트워크상에서 거래 기록뿐만 아니라 계약 등의 추가 정보를 기록할 수 있도록 스마트 계약 기능을 구현했다. 스마트 계약은 금융거래, 부동산 계약, 공증 등 거의 모든 종류의 계약을 사전에 정해진 대로 체결하고 이행할 수 있게 하는 기능을 의미한다. 원래 부테린은 새로운 플랫폼을 만들고자 했던 것이 아니라 기존 비트코인의 소스코드를 수정해 스마트 계약 기능을 구현하고자 했으나 비트코인 커뮤니티가 이를 받아들이지 않자 이더리움이라는 새로운 플랫폼을 만들어서 스마트 계약 기능을 적용했다.

이더리움이 디지털 자산 생태계에서 중요한 이유는 바로 이 스마트 계약 기능 때문이다. 스마트 계약은 코드에 적힌 계약 조건을 만족하면 그대로 계약을 체결한다. 계약 상대방이 누구인지, 계약을 보증할 만한 이가 있는지, 계약이 안전하게 처리됐는지는 상관없다. 모든 과정은 계획된 대로 정확하게 오차 없이 이뤄진다. 예를 들어 상해보험 가입자가 사고를 당할 경우, 보험사에 서류를 제출하거나 별도로 보험금을 신청할 필요 없이 병원 기록을 근거로 스마트 계약에 기반해서 보험금을 자동으로 지급받을 수 있다. 혹은 자기 집이나 자동차를 다른 사람과 공유하기 위해 상대방과 이용 일시, 방법, 비용 등의 조건을 사전에 정하고 서비스 제공과 동시에 비용이 지급되도록 계약을 체결하면 중개업체를 거치지 않고 스마트 계약으로 사용자 간에 직접 거래가 가능해진다. 즉, 정해진 조건을 만족하는 즉시 자동으로 계약이 체결되는 것이다. 스마트 계약은 암호화된 코드로 블록체인 네트워크에 기록되므로 그 누구도 처음에 기록된 조건을 바꿀 수 없다. 스마트 계약 기능을 통해 개발자가 직접 계약 조건과 내용을 코딩할 수 있다는 말은 인간이 상상할 수 있는 모든 종류의 계약을 이더리움 플랫폼으로 구현할 수 있다는 것과 같은 의미다. 바로 이것이 이더리움이 가진 무한한 잠재력이다.

이더리움은 이런 특성을 바탕으로 디지털 자산 생태계에서 플랫폼 역할을 하는데, 거의 모든 디지털 자산이 블록체인 네트워크상에서 유사한 방식으로 구동되기 때문에 프로그램 소스코드의 대부분을 재사용할 수 있다. 이더리움은 이러한 특성에 착안해서 새로운 디지털 자산을 개발할 때마다 새 프로그램을 반복해서 개발할 필요 없이 이더리움을 기반으로 새로운 부분만 개발할 수 있도록 만들었다. 이처럼 이더리움은 효율적인 방안을 적용해 자신만의 플랫폼 생태계를 만들었다. 마치 PC의 윈도우나 스마트폰의 안드로이드와 같다고 할 수 있다.

블록체인으로 만들어져 안드로이드의 애플리케이션과 같은 역할을 수행하는 '디앱Decentralized Application, DApp'은 탈중앙화, 분산화 등 블록체인 기술의 특성을 그대로 가지고 있으면서 스마트 계약을 통해 금융 자동화, 저작권 관리, 공유경제, 유통 추적 등 다양한 기능을 구현할 수 있다. 디앱은 중개자나 중앙 서버를 거치지 않으므로 개인정보 유출에 대한 우려도 없고 복잡한 인증 절차도 필요하지 않다는 특성을 가지고 있다. 디앱 분석사이트인 디앱레이더DappRadar에 따르면 2017년에는 약 1,000개에 불과했던 디앱이 2021년 5월 기준으로 약 9,000개로 늘어나 9배 이상 증가했다.

흔히 비트코인을 계산기에 비유한다면 이더리움은 컴퓨터에 비유하곤 한다. 그만큼 이더리움의 기능은 다양하며, 비트코인보다 데이터 저장 용량이 크고 처리 속도 또한 빠르다. 이에 더해 스마트 계약 기능을 추가해 블록체인 네트워크에서 다양한 기능을 구현할 수 있도록 했다. 비트코인의 기능은 결제, 거래 등의 기능에 국한돼 제한적인 편이었으나 이더리움은 비트코인의 기능은 물론이고 계약서, SNS, 이메일, 전자투표 등 다양한 앱에서 사용될 수 있도록 확장성을 높였다. 대부분의 프로그래밍 언어를 지원해서 소프트웨어 개발 범용성도 훨씬 높다.

이더리움이 주목받는 이유는 이와 같은 확장성과 범용성 때문이다. 이더리움은 플랫폼으로서 다양한 오픈소스 프로토콜을 제공하고 있는데, 그중에서 가장 많이 활용되는 것이 'ERC-20'과 'ERC-721'이다.

ERC는 Ethereum Request for Comment의 약자로, '이더리움 기능을 위한 표준 규약'이라는 뜻이다. 'ERC-20'은 이더리움 네트워크에서 토큰, 나아가 디지털 자산의 생성을 쉽게 해주고 상호 교환이 가능하다는 것이 특징이다. 가장 대중화된 규약으로 다양한 디지털 자산의 신규 개발을 지원하고 있다. 디지털 자산 시가총액 상위 종목에 속하는 비트쉐어BitShares, BTS, 카르다노Cardano, ADA, 제로엑스ZeroX, ZRX, 이오스EOS 등이 이더리움을 기반으로 해서 만들어졌다. 또한, 이더리움은 계열 디지털 자산을 통해 디파이DeFi 구현(1부의 '4세대 금융, 디파이' 부분 참조)을 가능하게 한다.

한편, 'ERC-721'은 고유성을 가지는 토큰에 사용되는 표준 규약이다. 해당 디지털 자산은 복수의 소유자들이 공유하거나 다른 것으로 대체할 수 없다는 특징이 있다. 이러한 특성에 기반해 생겨난 것이 바로 최근 화제가 되고 있는 대체불가토큰Non-Fungible Token, NFT(1부의 '창의성과 희소성이 거래되는 시대, NFT' 부분 참조)이다.

디파이, NFT 시장이 급격하게 성장하면서 이더리움의 중요성이 더욱 부각되고 있다. 또한, 글로벌 경매회사인 크리스티Christie's와 소더비Sotheby's 등이 NFT를 활용할 정도로 디지털 아트 관련 시장도 나날이 커지고 있다. 유럽투자은행은 이더리움을 통해 약 1억 유로(한화 약 1,350억 원) 규모의 만기 2년짜리 디지털 전용 채권을 발행할 예정이라고 발표했다. 2021년 4월에 북미 캐나다가 세계 최초로 이더리움 ETF(상장지수펀드)를 승인한 데 이어서 2021년 7월에는 남미 브라질 증권거래위원회도 이더리움 ETF를 승인했다. 2021년 7월에 발표된 디지털 자산 전문운용사인 코인쉐어CoinShares의 보고서에 따르면 2021년 한 해에만 총 9억 달러(한화 약 1조 원)가 넘는 기관투자자 자금이 이더리움으로 유입됐다. 비트코인이 디지털 자산시장에서 기축통화 역할을 한다면, 이더리움은 보다 실용적인 측면에서 다양한 산업에 걸쳐서 광범위하게 활용되고 있다.

9,000개의 알트코인이 꿈꾸는 미래

●

비트코인을 제외한 모든 디지털 자산을 대체 코인Alternative Coin이라는 의미에서 알트코인Alt-Coin이라고 부른다. 당연히 이더리움도 알트코인 중 하나다. 디지털 자산 분석사이트인 코인게코에 따르면 2021년 6월 기준 알트코인의 시가총액은 약 1조 달러(한화 약 1,100조 원)에 달하고 하루 거래량만 해도 약 1,700억 달러(한화 약 150조 원)에 달한다. 디지털 자산 전체 시가총액의 약 60% 정도 되는 수치다. 전 세계에 상장돼 있는, 즉 디지털 자산 거래소에서 거래할 수 있는 알트코인을 비롯한 전체 디지털 자산의 개수는 약 9,000개에 이르는데, 아직 테스트 단계이거나 개발 중인 것까지 포함하면 훨씬 더 많다.

알트코인 시가총액

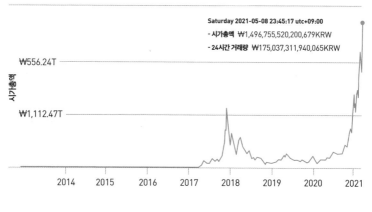

이더리움으로 대표되는 알트코인의 거래량 또한 2021년을 기점으로 가파르게 상승하며 디지털 자산 시가총액의 성장을 견인했다.

　　9,000개의 디지털 자산이 운영되고 있다는 것은 9,000개의 새로운 아이디어를 가진 프로젝트가 진행되고 있다는 뜻이다. 물론 중단되거나 폐기되는 프로젝트들도 있겠지만, 모두 미래의 제2, 제3의 비트코인, 이더리움을 꿈꾸며 도전하고 있다.

　　혹자는 디지털 자산은 누구나 쉽게 만들 수 있고 복제가 쉬우므로 가치가 없다고 말하기도 한다. 그러나 이는 잘못된 생각이다. 디지털 자산도 일종의 소프트웨어이므로 기술적으로 복제는 가능하지만, 해당 디지털 자산이 가진 지향점, 정체성, 차별점까지 모두 베낄 수는 없다. 페이스북, 카카오톡과 같은 소프트웨어도 복제하면 껍데기는

전 세계에 있는 9,000개가 넘는 알트코인은 전부 그 특성, 탄생 목적, 구동 방식, 이용 플랫폼 등이 각각 다른 새로운 프로젝트다.

똑같이 만들 수 있어도 그들이 가진 철학, 그간 쌓아온 아성, 최고의 두뇌까지 훔칠 수는 없는 것과 마찬가지다.

디지털 자산은 물리적 공간이라는 한정된 개념과 고정관념을 탈피한다. 인터넷이 닿을 수 있는 곳이면 언제 어디서든 연결할 수 있고 거래될 수 있다. 이것이 바로 디지털 자산이 가진 특성이자 기존 전통 자산과의 차이점이다. 디지털 자산은 블록체인 기술의 특성을 그대로 갖고 있어서 범용성과 확장성이 크다. 금융, 게임, 콘텐츠, 유통 등 인터넷을 기반으로 하는 모든 산업에 적용할 수 있다. 심지어 각 산업을 융합해서 새로운 산업을 창조해낼 수도 있다.

일부 국가에서는 이처럼 중앙통제에 반하는 디지털 자산을 없애기 위해 디지털 자산 폐쇄정책을 내놓기도 했다. 그러나 지금까지도 그래왔지만, 앞으로도 이는 실패할 가능성이 크다. 이미 디지털 자산은 일개 국가가 컨트롤할 수 있는 수준을 벗어났기 때문이다. 이제 디지털 자산에 종말을 고할 수 있는 방법은 딱 한 가지, 전 세계 인터넷을 동시에 셧다운하는 방법밖에 없다.

물론 그렇다고 해서 모든 디지털 자산이 순수하고 진실한 가치를 가지고 있는 것은 아니다. 이더리움이 최초의 ICO를 통해 자금 조달에 성공한 이후로 수많은 프로젝트가 동일한 방법으로 자금 조달에 도전했다. 이 과정에서 실력이 뛰어난 전략가들이 의기투합해서 실현 가능한 로드맵을 설정하고 이를 하나씩 실현해나가는 기업도 있었지만, 그렇지 못한 기업들도 있었다. 즉, 사기, 먹튀, 다단계 등으로 진실성과는 거리가 먼 프로젝트들도 실제로 존재했다. 그러나 이런 부작용과 폐해는 디지털 자산시장에만 국한해서 일어나는 것이 아니다. 전통 산업에서도 스타트업이 초기 정부 지원금이나 엔젤 투자금을 받아서 성장하다가 실패하는 사례가 허다하다. 또한, 그중에는 돈만 노리는 사기꾼들도 더러 포함돼 있다. 이미 어느 정도 성장한 기업들도 프로젝트가 실패하는 것을 보면 이러한 문제는 비단 디지털 자산 업체들만의 문제가 아니다.

디지털 자산시장을 바라보는 인식 중에서 좋지 않은 인식이 많은 이유는 새로운 기술에 대한 선입견과 관련 국가 제도의 부재에 있다. 그동안 디지털 자산은 규제가 없는 산업이었다. 워낙 새로운 개념이라서 기존 제도의 틀에 맞추기가 쉽지 않았기 때문이다. 최근에는 미국, 유럽 등 주요 국가들이 제도를 신설해서 관련 업체들도 제도권으로 속속 진입하고 있지만, 몇 년 전까지만 하더라도 이런 규제는 생각지도 못했다. 즉, 그동안 디지털 자산시장은 대중(집단지성)의 힘으로만 버텨온 것이다. 이처럼 시장에 강력한 제재를 가할 감독기관이 없다 보니 도덕적 해이가 늘어나게 됐다. 전통 산업은 강력한 국가 규제에 의해 관리·감독을 받지만, 디지털 자산은 대중의 감시만이 유일한 통제 방안이었다.

세계적인 투자사인 버크셔 해서웨이의 부회장이자 투자의 대가인 찰리 멍거Charlie Munger는 2021년 연례 주주총회에서 "나는 비트코인의 성공이 싫다. 비트코인은 역겹고 문명의 이익에도 반한다"라고 하면서 다소 감정적이고 격한 반응을 보였다. 기존의 사고방식과 고정관념에 갇힌 이들은 그게 무엇이든 새로운 기술이나 서비스가 등장하면 거부감을 가지기 마련이다. 디지털 자산 산업도 마찬가지다. 이런 사람들은 자신을 위협할 만한 능력을 갖춘 새로운 경쟁자가 나타나면 그 존재 자체를 무시하거나 폄훼하는 것으로 대처한다. 그러나 이러한 그릇된 인식도 앞으로 디지털 자산시장이 점차 성장하면서 분명히 달라질 것이다. 물결의 방향은 바꿀 수 있어도 물결 자체를 막을 수는 없다.

세상은 빠른 속도로 급격하게 디지털화되고 있다. 지금 세상은 디지털 대전환의 소용돌이 속에 있다고 해도 과언이 아니다. 그동안 전 세계 시가총액 1조 달러(한화 약 1,100조 원)를 달성한 기업과 그들이 달성에 걸린 기간을 살펴보면, 애플 42년, 아마존 24년, 구글 21년인데 비해서 비트코인은 고작 12년이 소요됐다. 세상은 우리가 상상할 수 없을 정도로 빠르게 변화하고 있으며 그 속도 역시 더욱 가속화되고 있다.

이제는 기성세대라 할지라도 열린 사고로 디지털 자산시장을 이해하고 참여자들의 생각을 들어봐야 한다. 왜 젊은 세대가 디지털 자산에 열광하는지, 세계적인 기업들이 디지털 자산 산업에 투자하는 것인지 생각해봐야 한다. 그동안 지나친 고정관념에 사로잡혀서 선입견을 갖고 세상을 바라본 것은 아닌지 다시 생각해볼 때다. 늘 당연시해왔던 생각의 틀, 그 프레임을 과감히 깨야 할 때다. 9,000개의 혁신적인 아이디어가 세상을 바꿀 준비를 하고 있다.

4세대 금융, 디파이

. . .

"비트코인보다 디파이가 은행에 더 큰 영향을 미칠 수 있다."

– 네덜란드 ING 은행, 디파이에서 배운 교훈, 2021년 4월

2020년부터 급격히 성장 중인 디파이는 탈중앙화 금융Decentralized Finance을 의미하는 약어다. 디파이는 은행, 증권사와 같은 중개 금융기관을 중심으로 이뤄지는 기존 금융시스템과는 다르게 금융거래를 중개하는 금융기관이 없다. 금융기관이 없는 금융시스템을 상상할 수 있었을까? 블록체인 네트워크에서는 금융기관이 없어도 잘 짜인 알고리즘을 통해 금융활동이 가능하다.

또한, 디파이는 온라인 오픈소스코드를 기반으로 작동하므로 누구나 디파이에 참여할 수 있지만, 그 누구도 디파이의 신뢰성을 훼손할 수는 없다. 블록체인 네트워크가 신뢰의 기반이 돼 인위적인 개입

을 철저하게 배제하고 오롯이 공개된 소스코드의 힘으로만 작동하기 때문이다.

디파이의 또 다른 특성은 기존 금융시스템과 다르게 법정화폐 기반이 아니라 디지털 자산을 기반으로 운영된다는 점이다. 디지털 코드로 만들어진 금융시스템에 참여하기 위해 디지털 자산을 이용하는 것은 어찌 보면 아주 당연한 일이다. 이러한 디지털 금융혁신이 디파이를 만들어냈다. 이는 그간 금융의 역사에 비춰서 초기 금융을 거쳐 인터넷 금융, 모바일 금융에 이어 디파이를 4세대 금융으로 칭하는 이유이기도 하다.

디파이의 탄생
●

2021년 5월, 디파이 분석사이트인 디뱅크DeBank에 의하면 디파이의 총 예치자산은 약 1,213억 달러(한화 약 136조 원)에 이른다. 연초만 해도 약 7억 달러(한화 약 7,800억 원) 수준이었던 것을 감안하면 가히 폭발적인 성장세라 할 수 있다.

사람들은 왜 이토록 디파이에 열광할까? 지금까지 인류 역사상 그 어떤 금융기관이나 금융시스템도 이렇게 최단 시간 내에 폭발적으로 성장하지는 못했다. 디파이를 처음 접한 사람은 중앙시스템이 존재하지 않는 곳에 어떻게 자신의 자산을 믿고 맡길 수 있는지 의아해할 수도 있다. 디파이는 블록체인 기술을 기반으로 탄생한 금융서비

최근 1년간 디파이 총 예치자산 변동 추이

(단위: 10억 달러)

출처: 디뱅크

연초에 비해 급격하게 오른 디파이의 성장세는 탈중앙화된 금융서비스로의 이동이 가속화되고 있음을 보여준다.

스다. 현재 운영되는 디파이의 80% 이상이 이더리움 플랫폼을 기반으로 운영되는데, 스마트 계약이 디파이 운영의 핵심이기 때문이다. 앞에서 설명한 것처럼 스마트 계약은 이더리움에서 시작해서 발달한 기술로, '절대 번복할 수 없는 약속을 온라인으로 코딩한 것'이라고 요약할 수 있다. 이더리움 플랫폼의 신뢰를 기반으로 한 코드가 있기에 중개자 없이 누구나 편리하게 예치, 대출, 투자서비스를 이용할 수 있다. 기존 금융서비스와 달리 본인인증 과정도 생략되고 상품가입이나 약정기간도 자유롭다.

디파이를 금융서비스로 부를 수 있는 이유는 무엇일까? 디파이는 비록 디지털 자산을 근간으로 하고 있지만, 예치, 대출 외에도 선물, 옵션, 파생상품 등으로 범위를 확대할 수 있다. 이는 기존 전통 금융시스템과 많이 닮았다. 디파이가 지향하는 것은 시중은행의 업무, 나아가 금융시스템을 완전히 대체하는 것이다. 중개기관 없이 누구나 쉽게 자산을 예치하고, 대출이 필요한 사람에게 자금을 제공하며, 이자를 수취해 예치한 사람에게 나눠준다. 게다가 이런 일련의 모든 활동이 플랫폼의 모든 참여자에게 투명하게 공개돼 이를 관리·감독할 기관이 필요하지 않다. 따라서 중개기관이 가져가야 할 몫, 즉 금융활동을 위한 일체의 관리·감독 비용이 고스란히 참여자의 이익으로 돌아간다. 기존 중개기관이 취하던 관리·감독 비용이 당사자에게 직접 귀속되는 것이다. 쉬운 접근성과 낮은 참여 비용, 높은 수익을 얻을 수 있는 시장, 바로 이러한 것들이 디파이를 차세대 금융서비스라 부를 수 있는 이유다.

디파이, 금융혁신의 선봉에 서다

●

2020년 12월 카이스트대학교에서 발행한 디파이 보고서에 따르면 2019년을 기준으로 전 세계 인구 중에서 약 25억 명은 은행 서비스를 이용해보지 못했고 약 17억 명의 성인은 아직 은행 계좌조차 가지지 못한 것으로 밝혀졌다. 은행 계좌가 없는 사람을 언뱅크드Unbanked라고 하는데, 15세 이상 인구 중 주요 국가별 언뱅크드 비율을 살펴보면 선진국은 10% 이하인 반면에 브라질 45.2%, 러시아 51.9%, 인도 64.8%로 전 세계 인구 중 언뱅크드의 비율이 생각보다 상당히 높다는 것을 알 수 있다.

이 국가들은 인구 대비 넓은 국토 등의 지리적 약점뿐만 아니라 경제 환경, 인구 규모 등 다양한 이유로 인해 금융 소외 계층이 여전히 많은 수를 차지한다. 국제유가 하락과 경제정책 실패, 코로나19의 확산 등의 상황이 맞물려 금융시스템이 붕괴된 베네수엘라부터 연간 50%에 육박하는 극심한 인플레이션을 겪는 터키에 이르기까지, 국가 금융과 통화시스템이 본연의 역할을 하지 못하는 국가들이 생겨나고 있다. 이는 언뱅크드를 양산하는 배경이 된다.

핀테크는 기존 금융시스템의 일부라는 점에서 기존의 금융서비스와 크게 다르지 않다. 핀테크 기업이 IT 기술을 무기로 기존 금융시스템을 혁신한 것은 사실이지만, 아직까지 큰 위협이 되지는 못했다. 즉, 핀테크는 빅테크 기업의 등장으로 기존 금융사와 대적할 만한 규모로 성장하긴 했지만, 접근 포용성, 상품 다양성, 신규 가치 창출이라는 점에서는 여전히 기존 금융시스템의 한계를 넘지 못하고 있다.

이런 상황에서 디파이는 기존 금융시스템의 혜택을 받지 못하는 언뱅크드에게도 금융서비스를 제공할 수 있다는 점에서 훌륭한 대안이다. 디파이는 중개기관 역할을 하는 은행, 증권사, 카드사 등을 배제하고 블록체인 기술을 통해서 전통 금융에서 제공하는 거의 모든 종류의 금융서비스를 제공할 수 있다. 디파이 시장에서 가장 중요한 것은 사용자의 이해와 의지의 실행이다. 스마트 계약에 기반한 소스코

전통 금융 vs 핀테크 vs 디파이

구분	전통 금융	핀테크	디파이
중개자	전통 금융기관	핀테크 업체	최소화
지역적 한계	있음	있음	없음
화폐의 발행	국가 및 중앙은행	-	블록체인 프로토콜
중개자	전통 금융기관	핀테크 업체	블록체인 네트워크
자산의 매매	증권거래소	-	탈중앙화된 거래소
투자 수단	주식, 채권 등	핀테크 대출 및 투자상품	토큰화된 금융상품

출처: SK증권

드가 투명하게 실행되므로 사용자가 디파이 시스템을 온전히 통제할 수 있고 중개기관이 없어도 투명한 정보 공개, 신뢰성 유지, 효율적 운영이 가능해 개인 간 거래, 즉 P2P 방식으로 금융서비스를 이용할 수 있다.

디파이는 어떻게 금융을 바꿀 것인가

●

2021년 5월 미국 세인트루이스주 연방준비은행은 공식 논문을 통해

"디파이는 스마트 계약을 통해 기존의 금융서비스보다 개방적이고 상호 운용이 가능하다"라고 발표했다. 금융업에서 디파이는 어떤 혁신 메이커가 될 수 있을까?

디파이의 서비스 분야는 크게 렌딩Lending, 탈중앙화 거래소Decentralized EXchange, DEX, 자산운용, 파생상품, 결제로 나눌 수 있다. 디파이 서비스 이용 현황을 살펴보면 렌딩이 47%로 가장 많고 탈중앙화 거래소가 36%, 자산관리 9%, 파생상품 6% 등의 순으로 나타난다.

렌딩은 디지털 자산을 담보로 대출을 제공하는 것으로, 기존 금융의 대출상품과 유사하나 디지털 자산을 대상으로 대출 및 투자를 실행하고 높은 이자율을 제공한다는 점에서 다르다. 대표적인 사례로 메이커다오MakerDAO를 꼽을 수 있다. 전 세계 디지털 자산 시가총액 약 20위권에 있는 메이커다오는 디지털 자산 담보 방식의 가치고정형 디지털 자산(스테이블 코인StableCoin)인 다이DAI와 담보대출 수수료로 사용하는 메이커토큰MKR이라는 두 가지 디지털 자산을 운영한다. 메이커다오는 2017년 말에 출시된 이후로 지금까지 약 9,000만 달러(한화 약 1,000억 원)의 대출을 성사시켰다. 디파이의 시초라 할 수 있는 메이커다오의 렌딩서비스는 전통 은행에서 아파트를 담보로 대출을 받는 주택담보대출 행위와 비슷하다.

예를 들어 1이더(미화 약 150달러 상당)를 보유한 투자자가 메이커다오 플랫폼에 렌딩을 신청하면 투자자는 자신이 보유한 이더를 맡기고 최대 100달러에 달하는 스테이블 코인 100다이를 받을 수 있다. 스테이블 코인이란 가치가 고정돼 있어서 달러, 유로 등 법정화폐와

출처: 메이커다오

메이커다오는 블록체인 기반의 서비스로 다이와 메이커토큰을 활용해 렌딩 등의 금융서비스와 디앱 생태계를 지원하는 송금 및 결제수단의 역할을 한다.

1:1로 교환할 수 있는 디지털 자산을 의미하는데, 투자자는 렌딩 기간이 종료되면 약 6.5~13.5%에 달하는 약정이자와 함께 스테이블 코인인 다이를 상환하게 된다. 만약 렌딩 기간 동안 담보물인 이더의 가치가 하락해 담보 비율이 사전에 계약했던 수준 이하로 떨어지면 플랫폼에서 강제 청산 절차를 진행한다. 즉, 예치된 이더를 온라인 경매에 등록하고 이를 통해 보전받은 금액으로 부채를 청산하고 담보는 사라지게 된다. 담보물 하락에 따른 강제 청산 절차가 스마트 계약을 통해 자동으로 작동하는 것이다.

　해당 프로세스에서 다이와 같은 대출금을 제공하는 자를 '유동성 공급자'라고 하는데, 이들은 유동성을 공급하는 대가로 일정 수준

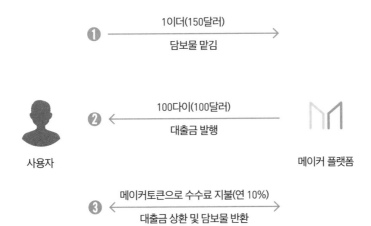

①　1이더(150달러)
담보물 맡김

②　100다이(100달러)
대출금 발행

사용자　　　　　　　　　　　　　메이커 플랫폼

③　메이커토큰으로 수수료 지불(연 10%)
대출금 상환 및 담보물 반환

출처: 코인원 크립토 뉴스

메이커다오의 렌딩서비스는 ①~③의 순서대로 이뤄진다. 사용자가 낸 이더리움을 담보로 잡고 달러에 연동된 다이를 발행한다. 주택을 담보로 대출받는 과정과 비슷하다.

의 이자를 얻는다. 이를 이자농사Yield Farming라고 한다. 이자농사는 마치 농사를 짓듯이 이자 수입을 키울 수 있다는 뜻에서 나온 단어다. 씨앗을 심으면 작물이 자라듯이 디지털 자산(씨앗)을 플랫폼(땅)에 투자(농사)해 수익을 얻는 것이다.

이자농사는 안정적이고 높은 수익률로 인해 디파이 분야 중에서도 가장 크게 대중의 관심을 끌기 시작했다. 사전 약속에 따라 유동성 공급자들은 디파이에 자신이 보유한 디지털 자산을 인출할 수 없도록 동결하고 해당 플랫폼에 유동성을 공급한다. 유동성을 공급하는 이유는 이에 대한 보상 때문이다. 이는 투자자가 자신의 돈을 은행에 예금

하면 은행은 대출, 금융상품 판매 등의 수익활동으로 재원을 남겨 투자자들에게 이자를 지급하는 것과 유사하다. 다만 디파이는 전통 은행과 달리 유동성을 공급해주는 중앙기관, 금융기관이 없으므로 다수의 유동성 공급자들에게 디지털 자산을 제공받아서 플랫폼 생태계를 유지·운영하게 된다. 이자농사는 엄격하게 자동화된 블록체인 네트워크를 통해 별다른 추가활동 없이 지속해서 수익을 낼 수 있다는 장점이 있다. 단, 유동성으로 제공된 디지털 자산이 약정된 기간 동안 플랫폼에 동결되므로 시장 하락기에는 매매 타이밍을 놓쳐서 손해를 볼 수도 있다.

탈중앙화 거래소는 기존의 중앙화된 거래소와 달리 중개인을 배제하고 개인 간에 디지털 자산을 교환하는 플랫폼을 뜻하며, 대표적인 예로 유니스왑Uniswap, 카이버네트웍스Kyber networks 등이 있다. 중앙화 거래소를 거치지 않고 서로 다른 디지털 자산을 직접 교환할 수 있는 온라인 장터를 제공하는 탈중앙화 거래소는 중앙화 거래소의 해킹 위험, 높은 수수료, 시세 조작 등을 해결하고자 하며 이를 위해 개인 지갑을 거래소에 연동하는 방식으로 운영되고 있다. 탈중앙화 거래소는 2020년부터 점차 거래량이 증가하고 있지만, 아직 중앙화 거래소에 비해 턱없이 부족한 유동성과 느린 거래 체결 속도가 해결과제로 남아있다.

디파이의 두 번째 서비스 분야인 자산관리는 디지털 자산의 보관, 관리, 운용을 통해서 수익을 얻는 것이다. 디지털 자산 지갑 전문 서비스인 메타마스크Meta Mask와 마이이더월렛MyEtherWallet, MEW은 투자자를 대신해 디지털 자산 환전, 자금 관리, 매입, 매도를 대행해주는 지갑 서비스인데, 디지털 자산 수탁 및 보관 업무도 일부 담당하고 있다. 디지털 자산 지갑 서비스는 사용자가 직접 자산의 완벽한 관리, 통제권을 가진다는 점에서 은행 계좌와 같은 역할을 한다.

디지털 자산은 블록체인 기술을 기반으로 만들어진 만큼 블록체인의 기술 특성을 고스란히 갖고 있다. 블록체인 참여자들은 데이터가 담긴 블록을 생성하고 체인으로 연결할 때마다 보상을 받게 되는데, 이는 네트워크의 안전성·무결성·보안성 유지와 직결된다.

고객이 자신이 가진 디지털 자산의 일정량을 원하는 만큼 고정한다는 의미의 '스테이킹Staking'은 이러한 블록체인의 기술적 특성을 반영한 디파이 서비스다. 투자자는 자신이 보유한 디지털 자산을 블록체인 네트워크에 예치하고 투표권을 위임하여 운영 및 검증에 기여한 보상을 받게 된다. 스테이킹 투자자는 자산예치 대행과 의결권 확보를 통해 수익을 내는데, 디지털 자산을 블록체인 네트워크에 예치해 유동성을 공급하고 데이터 검증에 기여한 대가, 즉 블록체인 네트워크에서 블록을 생성한 대가로 보상을 받는다. 예치를 하고 대가를 받는다는 점에서는 이자농사와 비슷하지만, 스테이킹은 블록체인 네트워크의 안정에 기여해서 수익을 내고 이자농사는 디파이 운영에 참여해서 수익을 낸다는 점에서 다르다고 할 수 있다.

파생상품은 디파이 분야에서 급성장하는 분야다. 탈중앙화 합성자산 플랫폼인 신세틱스Synthetix는 디지털 자산을 스마트 계약과 연동하는 플랫폼이다. 신세틱스에서 인공적으로 만들어지는 토큰 앞에 신스Synth의 'S'가 붙고 이를 활용해 레버리지, 마진 거래, 인버스 등의 파생상품이 만들어진다. 파생상품 분야가 유망한 이유는 향후 실물경제인 법정화폐, 원자재, 채권, 주식 등과 연계할 수 있기 때문이다. 합성자산을 발행하면 파생상품을 더욱 다양하게 만들 수 있고, 이는 참여자에게 선택권을 확장해주기에 디지털 자산시장을 더욱더 풍성하게 만들어준다.

보험 분야에서도 기존 보험 회사가 예측하기 어려운 리스크를 보호하기 위해서 디지털 자산에 특화된 보험이 개발되고 있다. 디파이 보험 서비스 업체인 넥서스뮤추얼Nexus Mutual은 디파이 서비스 해킹과 오작동 등으로 인한 자금 손실을 보장하는 손해보험을 통해 피해 손실을 보상해준다. 디파이 플랫폼의 안정성을 의심하는 투자자는 보험상품에도 관심을 가져볼 필요가 있다.

디파이는 불필요한 중개기관 없이 누구나 손쉽게 대출, 투자, 거래 등으로 수익을 낼 수 있다는 점에서 기존 금융서비스와는 분명히 차별화된 장점을 제공한다. 또한, 기존 금융서비스와 달리 접근성이 높고 상품의 가입 기간도 자유로우며 참여 비용이 적다. 하지만 기존 금융시스템을 대체하기 위해서는 아직 해결해야 할 점이 많다.

첫째, 디파이가 접근 편의성이 높다고 해도 이용 편의성까지 높은 것은 아니다. 디파이에 직접 참여하기 위해서 개념을 이해하는 것도 쉽지 않지만, 플랫폼에서 제공하는 사용자경험UX/UI도 아직은 투박하고 익숙하지 않다. 게다가 지갑을 생성하고 디지털 자산을 맡기는 과정도 쉬운 일이 아니다. 디파이 플랫폼에 자신의 디지털 자산을 예치, 대출, 매매하는 과정에서도 입문자에 대한 배려는 찾을 수 없다. 또한, 디지털 자산에 관한 통제권을 사용자가 온전히 가지고 있으므로 비밀번호 분실, 지갑 주소 기입 오류 등의 실수라도 일어나면 그 피해는 오롯이 본인의 책임이다. 중개기관이 없기에 당연히 고객센터도 없다. 디파이 참여에 더욱 신중을 기해야 하는 이유다.

둘째, 디파이는 법적으로 개선해야 할 점도 있다. 기존 전통 금융이 각 국가의 금융법을 따르는 반면에 디파이는 관련 규제나 법 적용이 미미한 수준이다. 국내 시장도 마찬가지다. 규제가 없다 보니 소비자 보호 측면에서도 많은 부분이 부족하다. 테러, 음성, 불법 자금으로 쓰일 수 있는 가능성을 차단하기 위해서는 최소한의 자금세탁방지 의무라도 지켜져야 하지만, 아직까지 국제법도 미비하여 최소한의 규제도 적용받지 못하고 있다.

2016년에 시로타 마코토城田眞琴는 자신의 저서에서 "핀테크가 시장 패권을 가지게 되면 기존 금융기관은 덤파이프Dumb pipe(단순통로) 기능밖에 남지 않을 것"이라고 말했다. 핀테크보다 더 강력한 금융혁신의 도전이 디파이에서 시작되고 있다. 2021년 8월을 기준으로 디파이는 총 예치자산 약 136조 원의 거대 시장으로 성장했다. 렌딩, 결제, 파생상품까지 더하면 그 규모는 훨씬 크다. 디파이가 더욱 무서운 점은 전 세계 고객을 대상으로 한다는 것과 가파른 성장 속도에 있다. 디지털 자산에서 시작한 결제시스템이 디파이라는 금융시스템으로 한 단계 더 성장하고 자리 잡기 위해서는 디파이의 장점과 가능성에 대해 모두가 공감하고 함께 키워가야 할 것이다.

디파이 맛보기

●

디뱅크에 따르면 2021년 8월을 기준으로 전 세계 디파이 시장의 규모는 약 136조 원에 달한다. 국내 대표 디파이 플랫폼인 클레이스왑 KlaySwap도 같은 달을 기준으로 약 2조 원의 총 예치자산을 자랑한다. 사람들이 디파이에 관심을 가지는 목적은 투자수익의 극대화를 위해서다. 디파이 프로젝트는 전 세계에서 수백 개에 이를 정도로 다양한데, 투자자 입장에서는 높은 수익률과 안전한 금융상품을 고르는 것만큼 디파이 플랫폼을 잘 선별하는 것도 중요하다. 다양한 디파이 플랫폼 중에서 2018년 하반기에 이더리움을 기반으로 론칭돼 전 세계 디파이 시장 투자자들이 가장 많이 쓰는 플랫폼인 유니스왑에 대해 설명하고자 한다.

유니스왑은 디지털 자산 자체이면서 동시에 이를 활용한 디파이 플랫폼이다. 유니스왑은 이더리움 네트워크에서 이더와 이더리움 기반의 토큰인 ERC-20 간에 자동 교환 거래를 위해 설계된 자동마켓 메이커, 즉 AMM Autonomous Market Makers을 통해 운영된다. 2021년 7월 디지털 자산 데이터 분석 업체인 듄 애널리틱스Dune Analytics의 조사에 따르면 이더리움 기반 디파이 활성화 지갑 수는 300만 개를 넘어섰으며 이 중에서 유니스왑 사용자의 지갑이 235만 개에 달했다. 매주 유니스왑을 이용하는 이용자도 10만 명에 이를 정도다. 그만큼 유니스왑은 이더리움 기반의 디파이 생태계에서 가장 활발하게 운영 중인 플랫폼이다. 지금까지 이더리움 전체 거래 수수료의 약 30%가 유니스왑에서 발생했다.

2021년 5월 유니스왑은 디지털 자산 유동성 공급 효율을 높인 새로운 플랫폼 'V3'를 공개했는데, 기존 V2에 비해 유동성 공급자별로 유동성 공급량을 설정할 수 있게 되어 유동성 공급 효율이 약 4,000배나 향상됐다. 디파이 시장이 급성장하자 이더리움의 전송 수수료가 1건당 15달러를 넘어설 정도로 커졌는데, 유니스왑은 유동성 공급 거래 페어Pair에 따라 차등 수수료를 적용하는 방식으로 수수료를 낮췄다. 일괄적으로 동일하게 수수료를 부과하는 방식이 아니라 거래가 빈번하게 몰리는 공급에는 수수료를 높여서 거래를 분산시키고 거래량이 적은 쪽은 수수료를 낮춰서 전체적으로는 수수료를 낮추는 방식이다.

유니스왑은 디지털 자산 지갑만 설치하면 누구든지 이용할 수 있다. 디파이에 투자하기 위해서 가장 먼저 해야 할 일은 나만의 디지털 자산 지갑을 만드는 일이다. 메타마스크, 마이이더월렛 등을 이용해 디지털 자산 지갑을 생성하고 지갑 주소를 할당받을 수 있다. 지갑을 생성하고 유니스왑 플랫폼에 연결했다면 유니스왑에 투자할 준비가 끝난다. 이제 유니스왑 플랫폼에 투자할 수 있는 디파이 상품을 선별해서 선택하면 된다. 유니스왑 플랫폼에는 다양한 상품군이 나열돼 있는데, 그중에서 선택해서 투자하는 것이다.

먼저 유동성 풀Liquidity Pool에 예치하는 방법이 있다. 디파이 생태계에 이더리움과 같은 디지털 자산을 공급하고 이에 대한 수수료 등을 분배받아 수익을 얻는 것이다. 유니스왑에서는 'BTC-ETH',

'UNI-ETH', 'USDT-DAI' 등 쌍으로 이뤄진 디지털 자산 풀에 유동성을 공급하고 수익을 얻는다. 디지털 자산의 정책 결정을 위한 투표에 참여할 수도 있다. 자신이 가진 디지털 자산을 일정 기간 동안 위임하고 블록체인 네트워크 향상과 발전을 위한 투표권을 얻어서 수익을 챙기는 방법이다. 해당 블록체인 네트워크 검증과 유지에 필요한 투표권 위임 및 자산을 예치하고 수익을 얻는 것이다. 이밖에도 메이커다오, 에이브, 컴파운드, 커브, 이언 파이낸스 등을 통해서도 디파이에 투자할 수 있다.

디파이 투자는 직접 해보지 않고서는 이해하기 어려운 것이 사실이다. 디파이에 투자하기 위해서는 기본적으로 지갑 생성, 자산구

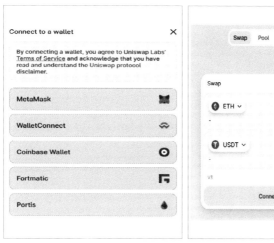

유니스왑은 이더리움 플랫폼을 기반으로 다양한 암호화폐의 거래서비스를 제공한다. 디지털 자산을 생성한 후 유니스왑과 연동하고(왼쪽 그림) 풀 예치, 투표 참여 등의 디지털 자산 교신(오른쪽 그림)으로 수익을 얻을 수 있다.

상위 10개 디파이 서비스 예치금액 규모(21년 5월 기준)

구분	디파이	플랫폼	분야	예치금액 (단위: 조 달러)
1	메이커다오	이더리움	대출	12.1
2	에이브	이더리움	대출	11.1
3	컴파운드	이더리움	대출	9.8
4	유니스왑	이더리움	거래소	7.5
5	커브 파이낸스	이더리움	거래소	6.5
6	스시스왑	이더리움	거래소	5.4
7	인스타디앱	이더리움	대출	4.3
8	리퀴티	이더리움	대출	3.9
9	폴리곤	이더리움	결제	3.8
10	이언 파이낸스	이더리움	자산관리	3.4

매, 전송, 교환, 예치 등의 절차에 대해 이해하고 있어야 한다. 아직까지 이런 점들이 디파이 시장의 큰 장벽이지만, 점차 좀 더 이해하기 쉽고 직관적인 프로젝트들이 등장하고 있다. 디파이는 고객센터가 없다. 모든 투자의 책임은 본인에게 있음을 명심하고 투자 전에 반드시 기본적인 블록체인 공부를 해야 한다. 최소한 지갑 생성, 주소와 비밀번호 보관은 스스로 통제 및 관리할 수 있는 지식을 가지고 투자를 시작해야 한다.

디파이는 디지털 자산의 수량을 늘려서 투자수익을 얻는 일종의 금융 행위다. 그러나 결국 자산의 가치는 '가격×수량'이므로 디지털 자산의 가격 자체가 떨어진다면 내 자산의 상승분 역시 제한적일 수밖에 없다. 디지털 자산을 담보로 렌딩서비스를 받아 디파이에 재투자해 레버리지 효과를 극대화하더라도 디지털 자산의 가격이 하락한다면 무용지물이다.

전 세계에서 언제 어디서나 접근 가능한 디파이는 투자를 손쉽게 할 수 있는 만큼 과도한 레버리지를 시도할 경우에는 청산에 대한 위험도 동시에 가지고 있다. 현재 대부분의 국가에서 디파이를 제도권으로 인정하지 않으므로 기존 금융업에 준하는 소비자 보호는 기대하기 힘들다. 우후죽순으로 생겨나는 수많은 디파이 서비스 중에서 어떤 플랫폼을 선택하느냐도 투자에 있어서 중요한 문제다. 2020년에만 해도 전 세계에서 디파이 관련 사고가 17건 발생했으며 피해 금액은 약 1억 5,400만 달러(한화 약 1,777억 원)에 달한다. 디파이는 최초 설계 당시부터 안전하고 견고하게 구현돼야 하는데 백서만 봐서는 최초에 구상한 대로 코드가 잘 짜인 건지, 거버넌스 체계가 제대로 구현된 건지 알기 어렵다. 설계된 코드가 해킹에 취약할 수도 있고 다단계 사기를 위한 사전 준비단계로서 만들어진 디파이일 수도 있다. 디파이 투자에 항상 신중을 기해야 하는 이유다.

모든 자산은 유동화된다, STO

. . .

주식, 채권, 부동산 등의 실물자산을 디지털 자산에 연동한 것을 증권형 토큰이라고 한다. 초기 '코인공개'가 대중을 디지털 자산의 세계로 끌어들였고 이더리움의 성공을 시작으로 테더, 이오스, 카르다노 등 수많은 블록체인 프로젝트가 ICO를 통해 세상에 등장했다. 그러나 ICO는 거짓 정보 제공, 도덕적 해이, 먹튀 사기 등의 많은 문제점도 함께 가지고 있었다. 또한, 규제가 없으므로 제대로 된 공시가 없었고 투자자가 초기 기여자Contributor로 참여하다 보니 법적인 보호를 전혀 받지 못했다. 이에 우리나라를 비롯한 대부분 국가에서 ICO를 금지하면서 디지털 자산은 점차 사라져 가는 듯했다. 이 상황에서 ICO의 폐해를 막고 자금 조달의 새로운 대안으로 떠오른 것이 '증권형 토큰 공개Security Token Offering, STO'다.

디지털 증권발행과 자산유동화

●

STO는 어떤 종류의 실물자산을 연동했는지에 따라서 증권발행형과 자산유동화형으로 나뉜다. 증권발행형 STO는 지분증권, 채무증권, 투자계약증권 등 엄밀히 말하면 「자본시장과 금융투자업에 관한 법률」(이하 「자본시장법」)에 따라 규정된 금융투자상품 출시를 위한 디지털 자산 발행을 뜻한다. 따라서 「자본시장법」에 따라 엄격한 법적 요건과 규제 준수를 요한다.

안타깝게도 국내에서는 2017년에 ICO를 전면 금지한 이후로 증권발행형 STO 관련 논의는 전혀 진행되지 않고 있다. 그러나 한국과 동일하게 2018년에 STO를 금지한 일본에서는 2020년 4월에 STO 협회를 조직하고 이를 정부에서 허가해 STO 표준화 가이드라인을 만들며 양성화를 시도하고 있다. SBI증권, 노무라증권 등 6개 증권사가 모여 만든 STO 협회는 일본의 「자금결제법」과 「금융상품거래법」을 기반으로 STO 표준화를 위한 실증 실험 단계까지 진입했다. 최근에는 기존보다 좀 더 넓은 의미에서 기업의 지분이나 프로젝트 등과의 연계를 위한 증권발행형 STO의 활용이 논의되고 있다. 증권발행형 STO를 발행하는 기업은 자사의 주식이나 프로젝트와 연동된 디지털 자산을 자사의 비즈니스 모델로 구현하기 위해서 사용한다.

요즘 들어 특히 각광받는 것은 '자산유동화형 STO'다. 부동산, 미술품, 음원 등의 자산유동화를 위한 디지털 자산 발행을 의미하는

데 자산의 유동화나 자산 소유의 분산을 위해 사용된다. 자산유동화형 STO는 증권발행형 STO에 비해 훨씬 다양한 자산을 대상으로 개발 및 발행할 수 있다. 2019년 1월 블록체인 전문기업인 체인파트너스Chain partners의 분석 자료에 의하면, STO 시장 규모는 2030년까지 연평균 59%씩 성장해 차후 약 2조 달러(한화 약 2,240조 원)에 달하리라고 전망된다.

그렇다면 왜 STO가 부상하는 것일까? STO의 장점을 살펴보면 다음과 같다.

STO 시장 규모(누적 발행 기준)

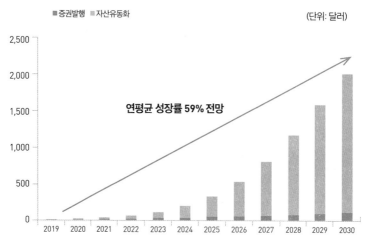

법적 보호 제도의 미흡으로 ICO 투자자들의 피해가 늘어나자 토큰 발행사에 대한 소유권을 포함한 STO가 자금 조달의 새로운 방안으로 떠올랐다. 특히 자산유동화형 STO는 개발 범위가 넓고 다양한 만큼, STO의 연평균 성장률을 59%라는 높은 수치로 전망하는 데 있어서 큰 비중을 차지한다.

STO는 자금 조달 과정에서 발생하는 비용을 절감할 수 있다. 모든 과정이 블록체인 네트워크 위에서 이뤄지므로 중개자를 거칠 필요가 없고 스마트 계약 기능을 통해 증권의 발행, 배분, 소유권 이전 등을 모두 자동화할 수 있으며, 이를 통해 처리 시간을 단축하고 불필요한 관리 비용을 절감한다. 게다가 증권발행형 STO의 경우에는 발행 단계에서부터 금융당국의 규제를 받으므로 법적으로도 보호받을 수 있다. 그런 이유로 안정성 측면에서 ICO보다 우수하고, 활용성 측면에서는 주식상장Initial Public Offering, IPO보다 편리하다. 또한, 기존 주식은 1주 이하의 단주 거래가 허용되지 않지만, STO는 소수점 아래까지 분할해서 소유할 수 있다는 점에서 높은 유동성 확보 효과가 있다.

부동산, 미술품도 디지털 자산이 되는 시대

●

최근 떠오른 자산유동화형 STO는 증권발행형 STO에 비해 규제도 덜하고 대상 자체도 다양하게 설정할 수 있다는 장점이 있다. 또한, 자산유동화형 STO는 부동산, 미술품, 음원 자산의 디지털화를 통해 해당 자산에 유동성을 부여하는 등 기존 기관들이 하지 못했던 역할을 대체하면서 앞으로 시장 규모가 획기적으로 성장할 수 있는 분야이기도 하다.

기존 금융시장에도 '자산유동화Asset Backed Security, ABS'라는 금융 상품이 존재하긴 하지만 ABS와 자산유동화형 STO는 엄연히 다르다.

자산을 유동화한다는 점에서는 유사하지만, 후자는 블록체인에 기반하고 있다는 점이 가장 핵심적인 차이점이다. ABS는 일반인이 알기 어려운 복잡한 상품 구조와 정보를 담고 있다. 2008년 금융위기가 발생한 이유를 보면, 근본적으로 금융기관의 도덕적 해이가 가장 큰 문제였지만 사태를 촉발시킨 것은 ABS와 같이 복잡하고 불투명한 금융상품 때문이었다. 블록체인 기반의 STO, 즉 디지털 자산 발행을 통해서 이러한 문제점을 해소할 수 있다. 블록체인 네트워크상에 거래 기록을 투명하게 기록하고 스마트 계약을 통해서 편의성을 높이는 것이다. 금융당국의 엄격한 STO 가이드라인을 통해 불필요하고 복잡한 금융상품을 구성하지 못하도록 하고 세부 상품 내용과 개발 코드를 적용하고 이를 모두 공시해 소비자 피해를 최소화할 수 있다.

자산유동화형 STO의 장점은 투자 장벽의 최소화와 거래의 확장성에 있다. 기존 투자상품은 부동산 1채, 미술품 1점 등 투자 가능한 최소 단위가 정해져 있었다. 그러나 STO는 수백억 원에 달하는 자산을 수 원 단위까지도 나눌 수 있어서 소액 투자가 가능하다. 이를 통해 투자 장벽을 낮추고 참여도는 높일 수 있다. 예전에는 고액의 상품일수록 투자가 가능한 계층이 정해져 있어서 소위 '그들만의 리그'였다면 STO는 적은 금액으로도 누구나 투자에 참여할 수 있도록 범위를 넓혀주었다.

또한, 자산유동화형 STO는 실물자산이 디지털 자산에 연동돼 있기 때문에 외부 플랫폼이나 해외에서도 거래할 수 있어서 확장성이 커진다. 이를 통해 거래를 반드시 특정 사이트 내에서만 해야 한다거나 거래 내역을 중앙기관에 기록해야 하는 불편함이 없어지고 중개 비용이 사라진다. 대중의 자금을 모아서 자산에 투자하는 크라우드펀딩의 일종인 P2P 대출(온라인 투자연계 금융업)에 STO를 적용한다면 어떻게 될까?

현재는 P2P 대출업체가 폐업하면 투자자가 구제받기 어려운 구조다. 게다가 채권과 관련된 데이터, 자금 내역 등이 업체에 종속돼 있으므로 P2P 대출 플랫폼 외부에서는 아예 거래를 할 수 없다. 2021년 5월 「온라인투자연계금융업법」이 시행되면서 투자자 보호 측면에서 많은 문제점이 해소되긴 했지만, 극단적인 예로 만약 업체가 망하기라도 하면 투자금도 돌려받기 어렵다. 하지만 P2P 대출 채권이 STO에 연동된다면 업체에 의존하지 않고 자유롭게 거래할 수 있게 된다. 수익률과 안정성이 높은 인기 상품을 판매 초기 시점에 구매하지 못했더라도 해당 상품이 거래되는 시장에서 프리미엄을 더 주고 구매할 수 있다. 만기 시점이 남은 상품일지라도 투자자가 급전이 필요하다면 외부 시장에서 할인된 가격으로 판매할 수도 있다. 극단적으로는 P2P 업체가 부도가 나더라도 P2P 대출 채권이 이미 블록체인에 기록돼 있고 투자금도 예치돼 있기 때문에 약정 기간이 종료되면 안전하게 돌려받을 수 있다. 만약 STO가 금융시장에 안착하게 된다면 이 모든 것이 불가능한 일만은 아니다.

다만, STO가 ICO의 전철을 밟지 않기 위해서는 관련 규제의 도입이 선행돼야 한다. 미국, 스위스 등 주요 국가에서는 정비된 규제와 가이드라인을 바탕으로 다양한 프로젝트에서 STO가 사용되고 있다.

미국 증권거래위원회는 2020년 11월에 증권발행형 STO 투자 유치 가능 금액을 5,000만 달러(한화 약 560억 원)에서 7,500만 달러(한화 약 840억 원)로 상향 조정했다.

국내에서도 비슷한 움직임이 점차 시도되고 있다. 2019년 12월 금융위원회는 핀테크 스타트업인 카사코리아에서 출시한 부동산 기반 자산유동화형 STO 발행 유통 서비스를 금융규제 샌드박스의 일종인 혁신금융서비스로 지정했다. 금융규제 샌드박스는 기존 금융서비스와 제공 내용, 방식, 형태 등에서 차별성이 인정되는 금융업 또는 이와 관련된 업무를 수행하는 과정에 제공되는 규제 적용 특례 인정 제도다. 선정된 혁신금융서비스는 조건부 지정 승인을 받은 후 6개월 동안의 모의시험과 테스트를 거쳐서 안정성과 유효성을 검증받은 후에 정식으로 선정됐다. 카사코리아는 역삼 런던빌, 서초 지웰타워의 자산유동화형 STO 공모를 통해 약 140억 원을 조달했다. 이처럼 작은 시도를 발판으로 삼아서 앞으로는 다양한 자산이 안전하고 손쉽게 디지털 자산화되고 거래되는 시대가 도래할 것이다.

STO가 금융에 혁신을 가져올 수 있을까

●

미국의 블록체인 전문기업이 만든 폴리매스Polymath는 금융과 블록체인을 연결해주는 플랫폼이다. 폴리매스는 디지털 자산을 법적인 요건을 준수한 증권으로 사용할 수 있도록 지원한다. 즉, 폴리매스가 발행한 자체 디지털 자산인 폴리POLY를 통해 주식, 채권, 부동산 등을 STO로 만들어준다. STO 발행을 원하는 기업들은 폴리매스를 통해 그들의 디지털 자산을 직접 발행 및 통제할 수 있고 전 세계 어디에서든 24시간 연중무휴로 신규 투자자를 유치할 수 있다.

폴리매스가 STO에 참여하는 방식은 기존 ICO 방식과 유사하다. STO는 관련 법률을 충족할 뿐만 아니라 고객확인 제도, 자금세탁방지 제도 등 전통 증권 법규 준수하에 구매할 수 있으며, 투자자는 이를 구매한 후 유형자산으로 보유하게 된다. 이후 디지털 자산 거래소를 통해서 매매할 수 있다.

2020년 3월, 폴리매스는 미국의 부동산 전문회사인 레드스완 Redswan과 함께 약 22억 달러(한화 약 2조 5,000억 원) 규모의 부동산 STO를 발행했다. 레드스완이 발행한 디지털 자산은 미국 오스틴, 휴스턴, 텍사스, 브루클린, 뉴욕과 캐나다 온타리오 등에 위치한 16개의 상업용 부동산과 연동된 STO다. 레드스완의 부동산별 목표 수익률은 약 13~26%에 달하는데, 이는 50만 달러(한화 약 5억 5,000만 원)에서 1,000만 달러(한화 약 111억 원) 수준으로 고급 부동산에 투자하려는 수요를 흡수하기 위한 전략이다.

부동산 소유권을 넘기지 않고 단지 일시적으로 주택담보대출을 하려는 집주인은 은행을 통하면 부동산 자산 가치의 50% 정도만 자금 확보를 할 수 있지만, 레드스완을 통하면 최대 90%까지 자금을 유치할 수 있다. 투자자는 적은 금액으로 우량 부동산에 투자할 수 있고 소유자는 기존 담보대출보다 높은 레버리지 비율로 빠르게 자금을 조달

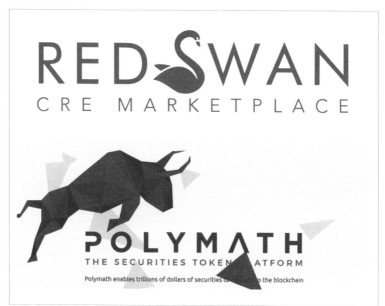

레드스완의 STO 투자자들은 증권 법규에 맞춰 유형 자산에 투자하고 높은 수익률을 기대할 수 있고, 부동산 소유자는 기존 금융권의 대출보다 더 많은 자금을 빠르게 확보할 수 있다.

할 수 있는 것이다. 레드스완은 발행한 STO의 일부는 거래소를 통해 유통하고 나머지 대부분은 디지털 자산 전문 수탁기업인 프라임 트러스트Prime Trust에 맡겼다. 또한, 폴리매스는 STO 발행을 위한 기술만 제공할 뿐이고 거래의 평가, 마케팅, 판매 등은 레드스완이 직접 한다.

2021년 4월, 전 세계 거래량 1위 디지털 자산 거래소인 바이낸스Binance는 '주식 토큰Stock Token'을 출시했다. 바이낸스 주식 토큰은 독립적으로 발행되는 STO와 달리 미국 나스닥에 상장된 특정 주식 종목을 직접 추종하는 상품인데 현재 애플, 코인베이스, 마이크로소프트, 테슬라 등을 지원하고 있다.

고객은 바이낸스에서 디지털 자산을 구매하는 것만큼이나 주식 토큰도 손쉽게 구매할 수 있지만, 뒷단의 프로세스는 다소 복잡하다. 고객이 바이낸스 홈페이지에서 회원가입 후 주식 토큰을 구매하면, 바이낸스의 제휴사인 스위스의 디지털에셋AG Digital Asset AG가 실제 해당 주식을 매입한다. 이후 주식 토큰이 디지털에셋AG의 프라이빗 블록체인에 만들어지고 구매자가 구매한 실제 주식은 독일 금융회사인 CM에쿼티AG가 안전하게 보관해 이를 보증한다.

주식 토큰을 출시한 것은 바이낸스가 최초는 아니다. 2020년 11

출처: 바이낸스

바이낸스는 전 세계에서 거래량 1위 규모의 거래소다. 영어, 중국어, 일본어 등 다양한 언어를 지원하며 P2P 거래, 레버리지 토큰 등 디지털 자산 관련 각종 금융서비스를 제공한다. 4월에는 STO의 일종으로 실제 주식과 연동된 주식 토큰을 출시했다.

월에는 디지털 자산 거래소인 FTX가 주식 토큰을 출시한 데 이어서 다른 거래소인 비트렉스Bittrex도 주식 토큰을 내놓았다.

주식 토큰의 장점은 적은 돈으로도 미국 주식을 살 수 있다는 점이다. 나스닥 시장에서는 1주 미만이나 소수점 이하의 주식은 구매할 수 없지만, 주식 토큰으로는 0.01달러어치만 살 수도 있다. 다만 주식 토큰은 주식 액면 분할, 배당금 수령은 가능하지만, 의결권 행사는 불가하다. 그래도 거래소에서 제공하는 다양한 디지털 자산으로 주식 토큰을 구매할 수 있다는 점에서 유동성이 풍부해지는 효과를 얻을 수 있다.

한편, 주식 토큰은 기초 주식을 추종한다는 점에서는 분명히 STO와 차이가 있다. STO는 그 자체가 디지털 자산이지만, 주식 토큰은 기초 주식을 기반으로 해서 만들어졌기 때문이다. 주식 토큰은 기초 주식을 매매하는 과정에서 3~4개 업체가 관여하고 여러 단계를 거치면서 고객 확인, 실제 매매 내역 등의 정보가 정확히 일치하지 않거나 데이터 확인이 늦어질 가능성이 존재한다. 그리고 해당 상품이 미국 상장사의 주식을 추종하는 상품인 만큼 미국 증권법을 따라야 하는 것이 아닌지에 대한 논란도 제기된다.

STO 맛보기

●

국내에서 증권발행형 STO는 금지돼 있다. 디지털 자산에 대한 법적 요건이 미비된 상황에서 정부는 2018년에 ICO를 전면 금지했다. 앞서 언급한 주식 토큰도 「자본시장법」상 증권인지, 아닌지에 대한 판단 여부는 아직까지는 구체적으로 논의된 바 없다. 반면에 자산유동화형 STO는 부동산, 미술품, 음원 등 다양한 방면에서 유통되고 있다.

2020년 12월, 부동산 디지털 수익 증권거래 스타트업인 카사코리아의 1호 부동산 건물인 '역삼 런던빌'의 거래가 개시됐다. 유동성이 없는 자산을 기초로 발행된 증권을 자산유동화증권이라고 한다. 댑스DABS는 'Digital Asset Backed Securities'의 줄임말로 ABS를 블록체인 네트워크에 올려서 디지털화한 것이다. 카사코리아의 첫 댑스 상품인 신축 건물 런던빌은 서울특별시 역삼동에 위치한 상업용 빌딩으로 공모 금액은 총 101억 8,000만 원이고 203만 6,000주로 나뉘어 발행됐다. 카사코리아는 댑스 판매 이후 자사의 앱을 통해 주중 오전 9시부터 17시까지 댑스 매매가 가능한 자체 마켓 플레이스를 운영한다. 첫 상장가는 1댑스당 5,000원으로, 투자자들은 해당 댑스를 자유롭게 매매할 수 있다.

댑스 투자를 통해 얻을 수 있는 수익은 임대수수료 등 배당수익과 매도가에서 매수가를 제외한 매각차익이다. 연간 예상 배당수익률은 약 3%인데, 상장 리츠의 수익률인 5%보다 낮은 편이지만 빌딩 처분에 따른 매각차익까지 얻을 수 있다는 점에서는 리츠REITs보다 유리하다. 리츠가 다양한 부동산 상품에 간접 투자할 수 있는 금융상품이라면 댑스는 특정 부동산에 직접 투자한 것과 같은 효과를 얻을 수 있다.

부동산 매각 시기까지 기다릴 수 없다면 주식처럼 카사코리아

k kasa　　　　카사 소식　**빌딩 정보**　공시　이벤트　채용　FAQ　**카사 앱 다운로드**

카사의 첫 빌딩, '역삼 런던빌'입니다.

지하1층~지상8층 규모의 신축 빌딩(2019년 10월 완공)으로 핵심 상권인 강남구 역삼동 797-24에 위치했어요.
글로벌 명문 국제학교가 단일·장기(5년)임차로 높은 안전성과 수익성을 확보했습니다.
공모총액은 101억 8,000만 원이며 디지털 수익증권(DABS) 발행수량은 203만 6,000주입니다.

유동인구가 가장 많은 도시! 강남-역삼-양재 트리를 역세권! 연 평균 지가 상승률 5% 이상!
교육의 메카 강남 8학군에 위치한 국제학교! '역삼 런던빌'의 투자정보를 소개합니다.

카사코리아는 역삼 런던빌의 거래를 진행하며 예상 수익률 분석, 수익증권 발행정보를 공시하고 상장 이후로 한국토지신탁이 소유 및 관리한다는 등의 정보를 제공했다. 이를 통해 투자자들에게 신뢰성을 확보할 수 있었다.

앱의 마켓에서 댑스를 사고팔 수 있다. 2021년 8월 현재 댑스의 가격은 공모가 5,000원 이하로 다소 하락했지만, 건물 가격이 상승하거나 매각 시기가 다가올수록 가격 상승을 기대할 수 있다. 부동산 펀드는 투자자의 자금으로 정해진 기간 동안 부동산을 매입 및 운영해서 발생한 수익을 배당 지급하며 만기 시에는 매각 청산한다. 중도환매가 불가능한 만큼 환금성이 낮다. 리츠는 중도환매가 가능하지만, 주식과 같아서 공모 상장 절차가 복잡하고 투자 선택의 폭이 제한적이다. 일반 투자자는 연간 2,000만 원까지, 근로소득이나 사업소득이 1억

댑스와 기존 부동산 투자상품의 차이점

구분	댑스	부동산 펀드	리츠	P2P 대출
정의	부동산 수익 증권 디지털 유동화 증권	투자자 자금으로 정해진 기간 동안 부동산에 투자	투자자 자금으로 부동산회사에 투자	투자자 자금으로 특정 부동산에 투자
법률적 근거	「금융혁신지원 특별법」	「자본시장법」	「부동산투자 회사법」	「자본시장법」
소관 부처	금융위원회	금융위원회	국토교통부	금융위원회
수익원	임대료+매각차익	배당+매각차익	배당+매각차익	대출이자
중도환매	가능	불가	가능	불가

원을 초과하는 소득적격투자자는 연간 4,000만 원까지 투자할 수 있으며 댑스 소유자는 3개월마다 임대수익을 배당금으로 받는다.

카사코리아는 그동안 역삼 런던빌과 서초 지웰타워를 댑스로 내놓았는데, 두 상품 모두 프로젝트당 3,000명 내외의 투자자를 모집해 완판됐다(역삼 한국기술센터 상장 예정). 하지만 댑스는 완벽한 의미에서 STO는 아니다. 카사코리아 플랫폼 내에서만 거래할 수 있는 제한된 투자상품이기 때문이다. STO로 재탄생해서 플랫폼 밖에서 거래되기 위해서는 디지털 자산화가 필수적이다.

카사코리아의 댑스는 2019년 금융위원회의 금융규제 샌드박스

일종인 혁신금융서비스로 지정돼 법적으로도 안정성을 높였다. 이후 핀테크 스타트업인 루센트블록Lucentblock과 펀드블록 글로벌FundBloc Global도 유사한 서비스로 금융위원회의 혁신금융서비스로 지정돼 소비자의 선택의 폭이 한층 더 넓어졌다. 본업은 통신기기 제조·판매지만, 블록체인 신사업에 주력하는 세종텔레콤도 2020년 7월 부산 블록체인 규제 자유특구 2차 사업자 모집에 자체 블록체인 플랫폼인 블루브릭BlueBrick으로 '블록체인 기반 부동산 집합 투자 및 수익 배분 서비스' 업체로 선정돼 출시를 앞두고 있다.

미술품도 '아트테크'라는 이름으로 자산유동화형 STO 대열에 합류했다. 2020년 3월에 설립된 국내 미술품 투자 플랫폼인 테사 TESSA는 에셋Asset이라는 단어를 거꾸로 해서 사명을 지은 만큼 자산을 보는 기존의 관점을 바꿔보고자 한다.

테사는 크리스티, 소더비 등 권위 있는 해외 경매장에서 아티스트의 미술품을 직접 구매한 뒤 작품 소유권을 N분의 1로 분할해 소액으로 판매한다. 투자자들은 테사 앱을 통해서 미술품 투자가 가능하며, 투자한 실제 작품의 위치 정보를 확인해 직접 눈으로 감상할 수도 있다. 작품 대여로 얻은 부가 수입은 각 소유자끼리 배당금으로 나눠 가질 수도 있다. 또한, 테사 앱은 자체적으로 마켓 플레이스를 제공해 개인 간 소유권 거래도 지원한다. 소유자들은 보유한 소유권을 타인에게 전송하거나 매도할 수 있다. 미술품의 투자수익은 매각차익, 임대수익 등이다.

코로나19 팬데믹에도 불구하고 2021년 초부터 미술품에 대한

테사는 '투자의 관점을 바꾸다'를 목표로 미술품을 자산유동화형 STO화해 분산 판매한다. 투자자들은 테사의 플랫폼에서 미술품에 투자해 해당 작품의 디지털 분할 소유권을 얻는 동시에 디지털 자산으로 재테크할 수 있다.

관심과 투자수요가 늘어나면서 미술제인 아트부산이나 화랑미술제 등은 역대 최다 방문객과 판매고를 기록했다. 테사는 데이비드 호크니David Hockney, 장 미쉘 바스키아Jean Michel Basquia 등 유명 아티스트부터 무명의 신진 작가들까지 다양한 작품들을 디지털 자산화해놓았는데, 이 작품들이 플랫폼을 통해 거래된다. 테사의 미술품 조각은 카카오의 블록체인 플랫폼인 클레이튼Klaytn 네트워크상에서 구현돼 안전하고 투명한 거래를 지원한다.

2018년 카카오는 자회사를 통해 디지털 자산 플랫폼인 클레이튼을 내놓았다. 이를 통해 다수의 블록체인 프로젝트를 지원하며 독자적 블록체인 생태계 구축에 힘쓰고 있다. 클레이튼과 같은 플랫폼형 디지털 자산은 다양한 형태의 거래를 지원하는데, 테사도 클레이튼 네트워크를 십분 활용해 블록체인 기반 서비스를 제공한다. 미술품 투자자가 누군지는 알 수 없지만 클레이튼 지갑이나 카카오톡의 디지털 지갑 서비스인 클립Klip에서 해당 자산에 대한 거래내역, 거래현황 등을 실시간으로 확인할 수 있다. 이밖에도 아트투게더Art together, 아트앤가이드Art N Guide 등의 아트테크 플랫폼에서도 미술품 자산유동화 상품을 구매할 수 있다.

자산유동화 STO는 새로운 대체투자 수단으로서 유동성 분산 효과가 있다. 디지털 자산시장에 신규 자금이 유입되는 것은 산업을 발전시키는 원동력이 될 수 있다. 부동산을 비롯해 미술품, 음원 등 그동안 한정된 가치에만 머물렀던 다양한 자산들이 블록체인과 만나 자산유동화 단계를 거치면서 새로운 시장을 만들어내고 있다. 또한, STO를 통한 새로운 기술적 시도는 기존 전통 시장의 거래 한계를 해결하고 혁신의 바람을 불어넣으며 새로운 산업을 육성하는 기회도 제공한다. 다만 아쉬운 부분도 존재한다. 금융당국에서 주장하는 "블록체인 기술과 산업은 육성할 것이지만, 디지털 자산으로의 전환이나 연계는 안 된다"라는 정책 기조가 그것이다. 넓은 혜안과 포용성이 필

국내 주요 미술품 공동구매 플랫폼

구분	테사	아트투게더	아트앤가이드
출시연도	2020년	2018년	2018년
구매 작품 수	5점	64점	57점
평균 수익률	15%	23.1%	17.9%
회원수	약 5,500명	약 10,000명	약 6,000명
매출 성장률(2020년)	400%	162%	250%
주요 투자자	MYSC Merry Year Social Compan, CNT 테크	한국투자파트너스	산은캐피털, ES 인베스터

출처: 이코노미 조선

요한 부분이다. 현행 댑스와 같은 STO는 자체 플랫폼에서만 거래할 수 있는데, 그것 자체가 한계다. 플랫폼에 종속돼 있다 보니 유동성도 적고 거래 데이터가 플랫폼에만 남는다는 문제가 생긴다. 디지털 자산이 자유롭게 유통되지 못한다면 블록체인의 특성은 퇴색되고 말 것이다. 디지털 자산의 활용을 적극 검토하고 STO의 탈플랫폼 시도를 장려해 확장성 있고 효율적인 산업의 육성과 지원이 절실하다.

창의성과 희소성이
거래되는 시대, NFT

●　●　●

전통적인 사고방식을 벗어나서 새로운 관계를 창출하거나 독창적인
아이디어를 산출하는 능력을 창의성이라고 한다. 창의성은 모든 사
람이 저마다 갖고 있는 특별한 능력이다. 그간 창의성은 사회·문화
적 맥락에서 항상 중요하게 인정되고 장려되는 능력이었지만, 이 능
력의 가치를 기술적으로 산정하거나 이를 거래의 대상으로 삼지는
못했다.

　그러나 이제 디지털 자산의 활용을 통해 창의성에 가치를 부여
하고 거래할 방법이 생겼다. 창의성에 디지털 자산을 연동하는 것이
다. 창의성은 블록체인의 특성을 활용해 그 누구도 재생산하거나 복
제할 수 없는 희소성까지 보유하게 되었다. 이것이 바로 대체불가토
큰, 즉 'NFT Non-Fungible Token'다.

대체불가토큰, NFT

●

NFT란 하나의 토큰을 다른 토큰으로 대체하는 것이 불가능한 고유성을 지닌 디지털 자산을 의미한다. 비트코인, 이더리움 등 서로 동일한 가치로 거래할 수 있는 디지털 자산은 대체가능한 토큰Fungible Token인 데 반해서 NFT는 각 토큰이 서로 다른 가치를 지닌 고유한 자산이다. 토큰마다 특유의 값을 가지고 있어서 다른 토큰으로 대체가 불가능하다. 예를 들어 비트코인 1개는 다른 비트코인 1개로 대체할 수 있다. 대체가능 여부는 각각의 토큰이 고유한 정보나 특성을 가졌는지에 따라 결정된다.

NFT는 단 하나뿐인 토큰으로, 세상에서 유일무이한 것이다. 따라서 그 어느 것으로도 대체가 불가능하다. 즉, NFT는 디지털 자산

NFT vs FT

구분	NFT	FT
대상	게임, 수집품, 예술품	비트코인
이더리움 네트워크	ERC-721	ERC-20
상호 교환	불가능	가능
대체가능 여부	불가능	가능
고윳값	있음	없음
활용처	무제한	제한적

간 호환이 불가능하며 고유 번호를 보유한 상태에서 이에 해당하는 자산이나 이익을 가지고 있다. 블록체인 기술로 고유 식별자인 해시값(컴퓨터 암호화 기술로 만든 수치)을 부여해 기존에 자산 그 자체로 연동하기 어려웠던 자산들을 디지털 무형자산으로 거래하고 소유할 수 있게 한 것이 NFT다.

NFT는 그 자체만으로도 독특한 희소성이 있다. 현존하는 대부분의 디지털 자산은 대체가 가능한 데 비해서 NFT는 각각 고유한 정보나 특성이 있어서 서로 교환할 수 없다. 게임 아이템, 희귀 수집품, 예술 작품 등 디지털 자산의 범위가 확대되고 거래 시장이 활발해지면서 NFT는 디지털 자산시장에서 점차 그 비중이 늘어나고 있다. 2021년 1분기 NFT 시장의 분포도를 살펴보면, 희귀 수집품(사진, 영상 등) 48%, 예술품 43%, 스포츠 4%, 메타버스 3%, 게임 2% 등 다양한 분야에 분포돼 있다.

2017년 12월에 출시된 크립토키티CryptoKitty는 최초의 NFT 기반 게임이다. 크립토키티는 가상의 고양이를 서로 교배해 희귀한 고양이 아이템을 생성하고 이를 육성, 수집, 거래하는 게임이다. 게임 내의 모든 고양이는 각자 고유한 값을 가진다. 고양이끼리 교배할수록 점차 고유한 특성이 추가된 새로운 고양이가 탄생한다. 이와 같은 희귀성 때문에 최고가에 거래된 고양이의 가격이 무려 600이더(한화 약 18억 원)에 이를 정도다. 모든 고양이의 가치가 다르므로 이를 거래하려는 시장이 형성된다. 이처럼 NFT는 게임이라는 장르에서 제일 먼저 시작됐지만, 보다 다양한 분야로 그 활용폭이 넓어지고 있다.

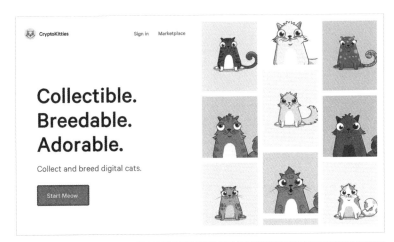

출처: 크립토키티

크립토키티는 세계 최초 블록체인 기반의 온라인 게임이다. 가상의 고양이를 육성 및 수집하고 교배시키며 암호화폐를 사용해 사고팔 수도 있다. 모든 고양이의 생김새는 전부 다르게 설계돼 있으며, 이 희소성으로 인해 많은 사람의 관심을 얻고 있다. 크립토키티는 암호화폐와 게임을 접목했다는 측면에서 긍정적인 평가를 받는다.

NFT에 주목해야 하는 이유

●

NFT 분석사이트인 넌펀저블닷컴 nonfungible.com의 2021년 보고서에
따르면, 2019년 NFT의 총 거래액은 약 600만 달러(한화 약 694억 원)
에서 2020년 약 2,500만 달러(한화 약 2,800억 원)로 약 4배 이상 증가
했다. NFT 구매, 판매, 보유 등을 위한 총 활성화 지갑 수도 2019년
112,731개에서 2020년 222,179개로 약 2배 가까이 증가했다. 전 세
계 NFT 시장 규모는 2020년 약 3억 4,000만 달러(한화 약 3,800억 원)
를 기록했으나 2021년 1분기에는 전년 동기 대비 131배인 약 20억
달러(한화 약 2조 2,000억 원)로 가히 폭발적인 성장을 이뤘다. NFT 총
자산규모 또한 2년 사이 8배 이상 증가했다.

NFT는 상호 대체가 불가능한 특성 때문에 디지털 영역에서 소
유권을 증명하거나 진위 여부를 판별하는 데 사용된다. NFT는 블록
체인 암호화 특성 중에서 비가역성을 그대로 내포하고 있다. 비가역
성이란 이전 상태로 되돌릴 수 없다는 뜻인데, 이러한 특성으로 인해
한 번 발행되거나 유통돼 블록체인에 등재된 NFT는 절대로 예전 상
태로 다시 되돌릴 수 없다. NFT는 복제가 불가능하므로 창조된 희소
성을 완벽하게 보장할 수 있고 위조품으로 인한 가치 훼손이 발생하
지 않는 구조로 디지털 자산의 소유권을 보장하는 데 커다란 역할을
한다.

예를 들어 아무리 게임을 열심히 하더라도 해당 게임이 종료되
면 모든 정보가 휘발돼 버린다. 즉, 그동안 게임 내에서 해온 창조적

행위들은 마지막에는 사용자의 소유가 되지 못한다. 이런 상황에서는 게임을 끝냈다는 성취감도 있지만 그 외의 결과물이 없으므로 허탈감이 남는 것도 사실이다. 그러나 NFT는 블록체인 네트워크에 자신이 창조한 게임 캐릭터, 아이템, 이미지, 영상 등의 산출물을 NFT로 온전히 기록하고 디지털 자산화함으로써 완벽하게 나만의 창조물을 소유할 수 있게 해준다. NFT는 블록체인 기술을 적용해 소유권이 디지털화되므로 진위 여부가 보장돼 증명이 가능해서 다양한 자산에 활용할 수 있다.

NFT는 실물자산은 물론이고 예술품, 사치품, 수집품 등 현존하는 거의 모든 것을 토큰화할 수 있다. 세상에 존재하는 거의 모든 것을 디지털화해 유일무이한 자산으로 만들 수 있다는 점 덕분에 디지털 세대로부터 큰 지지를 받고 있다. NFT는 블록체인에 의해 디지털 소유권이 완벽하게 보장되며 투명한 거래 증명이 가능하다. 복제나 위·변조가 불가하므로 희소성을 보장할 수 있고 위조품으로 인한 가치 훼손이 일어나지 않는다.

또한, 블록체인에 기록된 데이터는 누구나 확인이 가능해 NFT의 발행, 소유현황, 거래내역 등을 자유롭게 확인할 수 있다. 디지털 자산에 대한 소유권이 명확하므로 매매 시장에서도 자유롭게 거래가 가능하다. 소유권 분할도 가능해 NFT를 N분의 1개와 같이 쪼개서 매매할 수도 있다. 거의 모든 자산에 적용이 가능하며 소수점까지 세밀하게 나누어 거래할 수 있는 안전한 플랫폼, 이것이 바로 NFT가 큰 기대감을 불러일으키는 이유다.

NFT는 디지털 자산에 대한 세부적인 데이터를 기록하고 소유권에 대한 정보까지 포함한다. 이러한 소유권에 대한 세부 정보에 오직 본인임을 특정할 수 있는 이름, 별명 등의 추가정보를 기술할 수 있다. 대부분의 NFT는 이더리움 네트워크에서 작동하는데, 이더리움은 스마트 계약 기능을 기반으로 가장 활발하고 안정적으로 작동하는 블록체인 네트워크이기 때문이다. NFT 자체는 철저하게 희소성을 보장받지만, 반면에 이에 대한 출처, 발행시간, 소유내역, 이전 횟수 등은 모두 공개되고 투명하게 관리된다.

NFT가 대체불가능하고 희소성을 가진 자산으로 인식되면서, 글로벌 기업들도 NFT 시장에 앞다퉈 투자하고 있다. 2021년 5월, 글로벌 온라인 상거래업체인 이베이는 카드, 음악, 엔터테인먼트, 예술품 등을 NFT로 거래할 수 있는 마켓을 선보일 예정이라고 밝혔다. 세계 최대 디지털 자산 거래소인 바이낸스도 2021년 6월에 전용 NFT 마켓을 출범했다. 국내에서는 디지털 자산 거래소인 코빗Korbit이 2021년 5월에 최초로 NFT 마켓을 열고 국내 드라마 전문 제작사인 스튜디오드래곤과 협력해 유명 드라마 중 하나인 〈빈센조〉에 나온 굿즈를 NFT로 판매했다. NBA, MLB, 포뮬러원Formula 1 등 스포츠 기업을 비롯해 나이키, 아디다스 등의 패션 기업, 마이크로소프트, IBM, 삼성전자와 같은 IT 기업들도 NFT 인프라를 구축하거나 IT와 접목한 NFT 콘텐츠에 투자하며 NFT 시장에 눈독을 들이고 있다.

이처럼 기업들은 디지털 세상으로의 전환이 가속화되는 현실에서 디지털 자산에 고유성이라는 가치를 부여함으로써 보다 명확한 비전을 제시하고자 한다. NFT와 디지털의 결합은 디지털 전환을 보다 가속화하는 데 핵심적인 역할을 할 수 있다. 디지털 자산을 기초로 하는 담보대출 등의 디파이 서비스나 디지털 창작물과 연동된 STO, NFT가 융합돼 새로운 디지털 금융 경제가 시작되고 있다. 더 많은 디지털 자산에 가치를 부여할수록 투자자들이 이를 더욱 신뢰하게 되고 디지털 자산시장을 풍성하게 만드는 힘이 될 수 있다.

NFT, 혁신인가, 거품인가

●

디지털 자산시장에서 NFT 거래량이나 규모 역시 급격하게 성장하고 있다. NFT 유통 플랫폼업체인 오픈씨OpenSea의 매출을 보면, 2021년 1월에는 약 800만 달러(한화 약 89억 원)에서 같은 해 2월에는 약 9,500만 달러(한화 약 1,063억 원)로 한 달 사이에 약 10배 이상 성장했다. 디지털 아티스트 비플Beeple이 5,000일 동안의 창작품을 합성한 디지털 아트 〈The First 5000 Days〉는 크리스티 경매에서 무려 약 7,000만 달러(한화 약 780억 원)에 낙찰돼 세계적으로 큰 화제를 낳았다. 트위터의 CEO인 잭 도시Jack Dorsey가 최초로 이용한 트윗도 NFT로 만들어져 약 290만 달러(한화 약 32억 원)에 판매됐다. 2016년에 인공지능 열풍을 몰고 왔던 이세돌과 알파고의 바둑 대국도 2억 5,000만 원에 거래됐다. 2021년 6월에는 도지코인DOGE을 낳은 도지 밈Meme(온라인상에서 유행처럼 떠도는 콘텐츠)이 NFT로 발행돼 약 400만 달러(한화 약 45

글로벌 SNS의 시작을 알리는 의미를 담은 트위터의 창업자 잭 도시의 첫 트윗. 비록 이벤트성 경매이긴 했지만, NFT의 기본 속성인 복제 불가능한 고유성이라는 가치로 인해 한화로 약 32억 원의 가격에 거래됐다.

억 원)에 판매되기도 했다.

　일각에서는 NFT 투기 광풍에 대한 우려와 비관적인 전망이 있는 것도 사실이다. 미국 학술 매체인 컨버세이션Conversation은 NFT에 대해 "과잉의 디지털 세계에 희소성이라는 집단 환각을 다시 도입한 것"이라고 분석하기도 했다. 또한, NFT를 17세기 네덜란드의 투기 광풍인 튤립 버블에 비교하기도 한다. 당시 튤립 수요가 엄청나게 증가하면서 가격이 1개월 만에 50배 이상 뛰는 일이 발생했다. 진품이 아니더라도 얼마든지 복제가 가능한 디지털 시대에 NFT가 대중들에게 고유성이라는 가치를 얼마나 어필할 수 있을지는 아직 미지수이며, 이는 마치 튤립 투기 과열 현상과 같다는 주장이다.

　NFT는 디지털 자산 측면에서 기술적으로 원본증명서 역할을 할 수는 있지만, 이것이 법적으로 소유를 증명한다는 의미는 아니다. NFT 원본을 가진 사람이라 할지라도 「저작권법」, 공증 등의 법적 문제로 인해 독점적인 사용은 어려울 수 있다. 소유권 증명이라는 NFT 기술과 저작권이라는 법 사이에 괴리가 생길 수 있다는 것이다. 같은 의미에서 NFT의 소유권을 타인에게 양도했다 하더라도 이를 저작권 양도와 동일시할 수는 없다.

결국 NFT가 가진 잠재력이 실현되기 위해서는 소유권과 저작권이 함께 거래되는 기술적·법적 토대를 만들어야 한다. 그래야만 현실 세계의 미술품 거래와 동일한 행위가 될 수 있다. 2021년 5월에는 국내 유명 작가인 이중섭의 〈황소〉를 NFT로 발행해 판매할 예정이었던 온라인 경매가 돌연 취소되기도 했는데, 알고 보니 작품 소유자에게 동의조차 받은 적이 없는 채로 이뤄졌던 황당한 해프닝이었다.

2021년 7월 간송미술관은 국보 70호이자 유네스코 세계기록문화유산인《훈민정음》해례본을 NFT로 판매하기 시작했다. 훈민정음 NFT는 8페이지짜리 백서에서 밝힌 바와 같이 100개 한정판으로 제작해 개당 1억 원의 가격으로 판매 중이다. 문화재청은 국보를 NFT화하는 사상 초유의 프로젝트를 두고 법률적 검토에 착수했다. 이를 통해 문화재를 소장기관이 상업적으로 이용할 수 있는지에 대한 논의도 함께 시작됐다.

NFT 시장에서 아티스트 자신의 창작물이나 거래 참여자가 법적인 보호를 받을 수 있는 제도적·법률적인 뒷받침은 아직 미비하다. 초기 디지털 자산 등장 시기에도 그러했듯이, NFT가 진정으로 발휘할 가치는 투기 거품이 꺼진 뒤에야 나타날 가능성이 크다. 앞으로 NFT 시장이 커지고 산업이 확대될 예정인 만큼, 이에 대한 사회적 합의는 꼭 필요하다.

NFT 맛보기

●

오픈씨는 2017년 12월에 미국 샌프란시스코에 설립된 디지털 자산 관련 스타트업이다. 설립 이후 실리콘밸리의 유명 벤처캐피털 회사인 앤드리슨 호로위츠Andreessen Horowitz 등으로부터 약 2,300만 달러(한화 약 260억 원) 규모의 투자를 받으며 전 세계에서 가장 큰 NFT 마켓으로 성장했다. 이후 2021년 7월에는 1억 달러(한화 약 1,700억 원)를 투자받고 약 15억 달러(한화 약 1조 7,000억 원)의 기업가치를 인정받으며 유니콘 기업의 반열에 올랐다.

오픈씨는 디지털 소장품, 게임 아이템 등을 거래할 때 거래 상대방에 대한 불신임 문제를 해결하기 위한 목적으로 설립됐는데 이후 다양한 디지털 자산으로 시장 범위를 확장했다. NFT 플랫폼은 P2P 방식으로 운영되며 고정가격 거래와 경매 방식으로 판매가 가능하다.

2020년 말을 기준으로 오픈씨에는 약 130종, 400만 개 이상의 NFT가 등록돼 있다. 해외 유명 예술가나 인플루언서들이 NFT에 관심을 가지면서 2021년 3월에만 약 1억 달러(한화 약 1,100억 원)의 거래량을 기록하는 등 폭발적으로 성장하고 있다. 또한, 같은 달에는 카카오의 블록체인 계열사인 그라운드XGround X가 운영하는 클레이튼도 오픈씨와 제휴를 맺었다. 그라운드X는 2021년 5월에 크래프터 스페

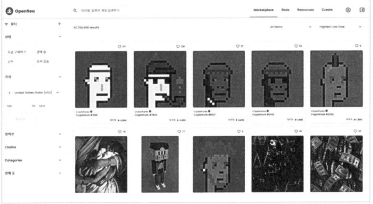

오픈씨는 크립토 소장품, NFT 창작물과 기타 이더리움 블록체인 기반의 아이템을 포함한 다양한 디지털 자산의 거래를 지원한다. NFT가 전 세계에 단 하나뿐인 원본임을 보장하기에 다양한 창작물의 거래가 이곳에서 이뤄지며 시장이 폭발적으로 성장하고 있다.

이스Krafterspace라는 NFT 탐색, 발행 플랫폼을 자체적으로 출시했는데, 카카오의 클레이튼 네트워크를 기반으로 발행된 NFT는 오픈씨에서 조회 및 거래할 수 있다.

오픈씨에서 NFT를 거래하기 위해서는 먼저 전자지갑을 만들어야 한다. 만든 지갑을 오픈씨 플랫폼에 등록하고 거래소에서 구매한 이더리움을 해당 지갑으로 전송한다. 이더리움을 구매하는 이유는 NFT가 이더리움을 기반으로 만들어졌기 때문이다. 오픈씨에 등록된 지갑에 이더리움이 입금되면 오픈씨 플랫폼에서 NFT를 구매할 수 있다. 별도의 수수료는 없다. 소유한 NFT를 오픈씨를 통해 판매할 수도 있으며 판매수수료는 약 2.5% 정도다.

2021년 초에는 글로벌 양대 미술품 경매업체인 크리스티와 소더비가 NFT 시장에 진출했다. 이후 국내에서도 1988년에 창립된 가장 오래된 미술품 경매사인 서울옥션이 2021년 3분기에 NFT 시장에 본격적으로 진출하겠다는 계획을 밝혔다. 서울옥션이 작가 발굴을 맡고 자회사인 서울옥션블루가 기술 개발과 관리를 맡는다. 서울옥션블루는 클레이튼을 기반으로 운영되며 코인 거래소 업비트Upbit의 운영사인 두나무와 NFT 협력으로 콘텐츠 발굴, 블록체인 기술 개발 등 공동 사업을 추진할 계획이다. 서울옥션은 이미 신한은행의 스마트 뱅킹 앱인 쏠SOL에서 블록체인 기반의 미술품, 운동화 공동구매 서비스인 '소투SOTWO'를 제공하고 있다.

중앙은행 디지털화폐, CBDC

• • •

2019년 1월 한국은행은 〈중앙은행 디지털화폐 CBDC〉라는 이름의 보고서를 발행했다. CBDC란 '중앙은행에서 발행하는 디지털화폐 Central Bank Digital Currency'를 의미한다. 일부 국가의 중앙은행들이 CBDC 연구와 모의실험에 나서면서 처음에는 한국은행도 CBDC를 '연구하기 위한 목적'으로 보고서를 발행했다. 그러다가 2020년 코로나19 팬데믹 사태 이후로 중국, 유럽, 미국을 비롯한 주요 국가들이 CBDC 상용화에 앞장서면서 한국은행의 입장도 달라졌다. 2021년 이내에 가상환경 내에서 CBDC에 대한 기술적인 검증을 마치고 상용화 직전까지 모든 준비를 마친다는 계획을 세운 것이다. 불과 2년 사이에 각국 중앙은행에 어떤 변화가 일어난 것일까? CBDC는 국가의 화폐시스템에서 어떤 의미를 가지며, 한국은행을 비롯한 중앙은행들이 CBDC 발행을 서두르는 이유는 무엇일까?

CBDC란 무엇인가

●

CBDC는 동전, 지폐와 달리 전자 형태로 발행되며 중앙은행에 대한 직접적인 청구권을 갖는다는 점에서 법정화폐다. CBDC는 국가가 신뢰도를 부여하고 보증하는 화폐를 의미하는데 동전, 지폐와 같은 법정화폐를 디지털화한 것으로 볼 수 있다. CBDC는 중앙은행에서 발행하는 법정화폐이므로 동일한 비율의 현금과 교환이 보장된다. 한국은행에서 발행하는 화폐 종류에 광물로 만든 동전, 종이로 만든 지폐 등의 실물화폐에 더해서 디지털로 만든 CBDC가 추가되는 것이다.

CBDC가 기존 실물화폐와 다른 점은 CBDC의 가치는 디지털로 저장되며 이용자 간에도 디지털 자금 이체로 지급결제가 이뤄진다는 점이다. 디지털로 만든 전자 형태의 화폐라는 점을 제외하면 기존의 동전이나 지폐와 동일하다.

CBDC와 디지털 자산의 가장 큰 차이점은 CBDC는 국가가 발행하는 법정화폐이고 디지털 자산은 민간이 발행한다는 점이다. 또한, CBDC는 화폐의 역할을 위해 탄생했지만, 디지털 자산은 결제수단뿐만 아니라 스마트 계약, 금융서비스, 자산유동화, 원본증명 등 다양한 기능을 수행한다. 따라서 CBDC와 디지털 자산 전체를 비교하기에는 무리가 있다. 다만 디지털 자산 중에서도 가치고정형 디지털 자산인 '스테이블 코인'과 비교하는 것은 가능하다.

스테이블 코인은 달러, 유로, 엔화 등을 담보로 발행한 디지털 자산이기 때문에 법정화폐와 1:1로 교환이 가능하다. CBDC와 스테이

일반화폐 vs CBDC vs 암호화폐

구분	법정화폐		디지털 자산
	일반화폐	CBDC	
발행 주체	중앙은행	중앙은행	민간
발행 형태	동전, 지폐	전자	전자
발행 규모	중앙은행 재량	중앙은행 재량	사전에 결정
교환 가치	액면가 고정	액면가 고정	수급에 의해 결정

블 코인은 법정화폐와 민간화폐라는 점을 제외하면 유사한 점이 많다. 전 세계에서 가장 널리 쓰이는 스테이블 코인인 USDT는 달러를 은행과 같은 중앙기관에 예치하고 그 수량만큼만 발행한다. USDT는 중앙은행이 직접 담보하지는 않지만, 시중은행에 이를 예치해 간접적으로 신뢰성을 확보했다. 다만, CBDC는 법정화폐라서 국가가 허용한 모든 가맹점에서 반드시 받아줘야 하지만, 스테이블 코인은 다른 디지털 자산을 매매하는 용도로만 사용되고 있다. 스테이블 코인이 실제 상점에서 쓰이기 위해서는 가맹점주가 이를 받아들여야 하는데, 아직 거기까지 활용되지는 않고 있다.

디지털 자산에 관해서 대표적인 비관론자인 뉴욕대학교 경영대학의 누리엘 루비니 Nouriel Roubini 교수는 "CBDC는 비트코인과 같은 민간 디지털 자산보다 우위에 서게 되고 언젠가는 이를 대체할 것"이라고 했다. 과연 CBDC는 비트코인과 경쟁하게 될까? CBDC는 디지털 자산과 성격이 전혀 다르다. CBDC가 법정화폐를 대체 및 보완하기 위해서 만들어진 '화폐'라고 한다면, 비트코인은 애당초 P2P 전자 '결제'를 위해서 탄생했다. 하지만 최근에 이르러서는 지급결제보다 자산보관의 역할이 더 주목받고 있다. 비트코인뿐만 아니라 다른 디지털 자산도 마찬가지로 CBDC와 직접 경쟁하지는 않을 가능성이 크다. 디지털 자산은 각기 다양한 목적성과 활용성을 보유하고 있으므로 화폐로서 존재하는 CBDC와는 근본적으로 다르기 때문이다.

앞으로 CBDC가 상용화·활성화된다면 디지털 자산과 상호 보완하며 활용될 것이다. CBDC의 아이디어와 기술적인 출발점은 디지털 자산에서부터 시작했다. CBDC와 디지털 자산은 블록체인이라는 동일한 기술적 특성을 갖고 있으므로 기술적으로 궁합이 잘 맞을 수 있다. 하지만 둘의 결합은 정책의 문제다. 그래도 민간에서는 디지털 자산과 CBDC의 결합을 계속 연구하고 시도할 것이다.

통화 패권 전쟁에 불을 붙이다

●

2020년 10월, 남미의 작은 나라인 바하마는 세계 최초로 CBDC를 발행했다. 바하마는 자국의 CBDC로 샌드 달러 Sand Dallar를 발행해 약 30개 섬에 흩어져서 생활하는 약 39만 명의 국민이 화폐 이용을 원활하게 할 수 있기를 기대하고 있다. 이처럼 CBDC 발행은 선진국보다 신흥국이 더욱 적극적인데 우크라이나, 우루과이 등은 CBDC 발행 직전 단계인 파일럿 테스트를 이미 완료했고 캄보디아, 동카리브 등은 현재 진행 중이다.

중국은 주요 국가 중에서도 CBDC 발행에 가장 적극적이다. 중국은 CBDC의 명칭을 DCEP Digital Currency Electronic Payment 로 차별화했는데, 이는 정부 중심의 선도적이고 독자적인 디지털화폐를 만들겠다는 의지로 보인다. 중국 DCEP의 공식 명칭은 '디지털 위안화'다. 중국 정부는 2014년부터 디지털 위안화 개발을 계획했으며 2020년에는 수차례에 걸쳐 대규모 사용 테스트를 실시한 바 있다. 2019년 12월에 중국은 심천, 쑤저우, 충안, 청두를 디지털 위안화 시범 지역으로 지정하고 발행 및 유통 테스트를 실시했다. 앞으로도 2022년에 열릴 베이징 동계올림픽을 겨냥해 대회 개최 지역에서 추가로 테스트를 진행할 예정이다.

중국 인민은행의 디지털 위안화가 이처럼 빠른 속도로 도입을 확대할 수 있었던 가장 큰 이유는 전자결제시장이 발달했기 때문이다. 디지털 위안화는 이용자가 은행 계좌가 없더라도 전자지갑을 통해 입금이 가능하다. 스마트폰이 인터넷에 연결돼 있지 않더라도 거래할 수 있는 구조인데, 근거리 무선통신 Near Field Communication, NFC 방식을 사용하기 때문이다. 따라서 상대방의 스마트폰과 접촉하는 것만으로도 송금할 수 있다. 스마트폰이 꺼져 있어도 티머니 결제가 가능한 것과 같은 원리다.

중국 정부는 미래 글로벌 디지털화폐의 핵심으로 디지털 위안화에 집중하고 있다. 디지털 위안화는 중앙은행이 기존 상업은행에 먼저 디지털 위안화를 발행하면 상업은행이 시민들의 디지털 지갑에 보급하는 중앙집중식 블록체인 형태로 이뤄진다.

디지털 위안화는 기존 통화 체계의 최소 단위까지 발행 가능해 소액 사용이 활성화될 것으로 예상된다. 또한, 모든 이용자의 거래 과정을 투명하게 공개한다. 중국 인민은행은 디지털 위안화를 사용하는 상인들에게 모바일 결제 수수료의 0.6%를 면제하고 거래의 익명성을 보장하겠다고 했지만, 불법행위가 의심될 때는 하위 금융기관으로부터 정보를 제공받겠다고 했다.

한 조사에 따르면 디지털 위안화 테스트에 참여한 국민은 중국 공산당의 감시망에 대한 부담과 기존 모바일 결제 시스템을 대체할 만한 혜택이 부족해 사용이 꺼려진다고 응답한 바 있다. 따라서 앞으로 디지털 위안화의 활성화를 위해서는 중국 국민의 불안감을 해소하는 것이 중요한 열쇠로 보인다. 자국에서조차 쓰이지 않는 CBDC가 해외로 수출되는 일은 없을 것이다. 결국 디지털 위안화의 신뢰성 확보는 위안화의 글로벌 진출을 위한 관건이라 할 수 있다. 자국민의 금융거래 정보를 타국의 정부, 즉 중국 정부가 언제라도 들여다볼 수 있도록 허용할 국가는 당연히 없다.

한편, 유럽 중앙은행은 '디지털 유로'라는 명칭으로 CBDC를 준비하고 있다. 유럽 중앙은행은 2020년부터 디지털 유로 발행을 검토하고 있는데 EU, 영국, 스위스, 스웨덴, 캐나다, 일본, 미국 등의 7개국 중앙은행을 비롯해 국제결제은행과 CBDC에 대한 공동 연구를 진행하기도 했다.

유럽의 개별 국가 중에서 스웨덴은 2017년 3월부터 자체 CBDC인 이크로나e-krona 연구·개발을 시작해 2020년 2월에 파일럿 테스트에 들어갔다. 스웨덴은 현금 없는 사회로 전환하는 데 있어서 가장 적극적인 국가다. 영국의 중앙은행인 영란은행도 2015년부터 CBDC를 연구하고 있으며 2021년 3월에는 '브리트 코인Britcoin'이라는 상표를 등록하기도 했다.

미국은 그동안 CBDC 발행에 신중한 모습을 보여왔으나 코로나19 팬데믹으로 인해서 입장이 많이 바뀌었다. 2020년 4월에는 국회 하원에서 CBDC를 통한 재난지원금 지급을 건의하면서 국가적으로 관심을 갖게 됐다. 미국이 이처럼 입장을 바꾼 데는 중국의 디지털 위안화 상용화가 많은 영향을 끼친 것으로 보인다. 중국의 디지털 위안화 개발 가속화와 기축통화로서의 달러의 지위에 대한 위협, 코로나

19 팬데믹 등의 영향이 크게 작용했다. 미국 내에서는 중국을 비롯한 전 세계 디지털화폐 경쟁에서 반드시 패권을 차지해야 한다는 인식이 크게 작용하고 있다. 연방준비제도에서도 달러의 기축통화로서의 역할을 감안해 세계 표준을 위한 CBDC의 필요성을 강조했다.

한국은행도 CBDC 모의 실증 테스트를 준비하고 있다. 한국은행은 〈2020년 지급결제 보고서〉에서 CBDC 컨설팅 및 모의실험을 연내에 추진할 예정이라고 밝혔고 실제로 2021년 5월에 사업비만 약 50억 원에 달하는 CBDC 모의실험 연구 용역 경쟁 입찰을 공고했다. 한국은행 CBDC는 가상환경에서 구축되는데, 모의환경 시스템을 통해 CBDC 제조, 발행, 환수, 폐기 등 화폐 발행 처리업무와 송금, 결제 등 화폐 생애주기별 발행과 유통 기능을 테스트하게 된다. 한국은행은 블록체인 기반 원장관리 기술, 개인정보보호, 데이터 위·변조 방지, 전자지갑, 보안기술 등을 민간 사업자와 함께 테스트할 계획이다.

이를 위해 국내 금융사, 빅테크, 핀테크 기업의 합종연횡과 참여 경쟁이 벌어졌는데, 카카오의 그라운드X, 네이버의 라인플러스, SK C&C 등이 출사표를 던졌다. 결국 2021년 7월, 최고 점수를 획득한 그라운드X가 한국은행 CBDC 모의실험 연구 용역 사업 업체로 최종 선정됐다. 그라운드X의 협력사로는 카카오페이, 카카오뱅크 등의 카카오 계열사를 비롯해 컨센시스ConsenSys, 삼성전자, 코나아이 등이 참여하게 된다. 그라운드X는 다년간 클레이튼을 안정적으로 운영하며 쌓은 기술적 역량과 경험을 바탕으로 미국의 유명 블록체인 소프트웨어 개발 회사 컨센시스와 기술협력을 할 계획이다. 컨센시스는 JP모건이 개발한 기업용 블록체인 플랫폼 서비스인 쿼럼Quorum을 2020년 8월에 인수한 바 있다. 쿼럼 플랫폼을 기반으로 이미 싱가포르, 호주, 태국 등에서 CBDC 사업을 진행하고 있다. 이번 사업에서는 카카오 계열사인 카카오페이와 카카오뱅크가 각각 CBDC 유통과 수납을 담당하게 된다. 카카오페이는 약 3,600만 명의 가입자를 보유하고 있고 온라인뿐만 아니라 오프라인 결제 송금에도 특장점을 가지고 있다는 것이 강점이다. CBDC 모의실험 연구는 은행의 역할도 중요한데, 월간 활성화 사용자 수만 약 1,340만 명에 달하는 카카오뱅크가 참여해 실증 테스트의 완결성을 높일 계획이다. 이외에도 삼성전자의 갤럭시 스마트폰, 코나아이의 CBDC 전용 플라스틱 카드 등을 통해 다양한 결제테스트도 진행할 예정이다. 한국은행은 그라운드X와 함께 2021년 연내에 CBDC의 모든 기술적인 검증을 끝내고 상용화 직전 단계까지 마무리한다는 계획이다.

CBDC 탄생의 의미

●

2021년 초에 세계은행에서 조사한 각국의 CBDC 개발현황을 보면, 약 86% 이상의 국가에서 CBDC 발행을 검토하거나 진행 중인 것으로 나타났다. 이처럼 각국에서 CBDC 도입이 경쟁적으로 촉발된 이유는 크게 세 가지로 나눠볼 수 있다.

첫째, 모바일 기반의 간편결제서비스의 확산이다. 불과 몇 년 전만 하더라도 모바일 결제는 신용카드, 현금에 비해 흔한 결제수단은 아니었다. 그러나 다양한 간편결제서비스가 등장한 덕분에 이용자들은 이제 거리낌 없이 모바일 결제를 이용한다. 모바일 결제 비율이 늘어난 결과로 디지털 결제에 익숙해진 국민들은 CBDC에 대한 이용 거부감이 그다지 없을 것으로 예상해볼 수 있다.

둘째, 코로나19 팬데믹 이후로 사회적 거리두기에 따라 현금 이용률이 급격하게 감소했다. 즉, '현금 없는 사회'로의 변화가 이미 우리 생활 속에서 동전과 지폐를 사라지게 하고 있다. 2020년에 한국은행이 발행한 〈지급 수단 및 모바일 금융 서비스 이용형태 보고서〉에 따르면 2017년 국민 1인당 지갑 속 평균 현금 보유금액은 약 8만 원에서 2년 새 약 5만 원으로 감소했고 국내 가맹점의 현금 결제 비중도 5% 미만으로 줄어들었다. 코로나19 팬데믹으로 인해 현금 사용 감소가 더욱 가속화되고 있는데, 국제결제은행은 지폐 표면에서는 바이러스가 최대 3일까지 잔류해 지폐가 코로나19를 옮기는 매개체가 될 수 있다고 경고한 바 있다. 이에 영국에서는 코로나19 팬데믹을 선언한 2020년 3월에 현금 사용량이 60% 이상 줄어들기도 했다. 이밖에 꼭 코로나19의 영향이 아니더라도 언택트 결제와 온라인 쇼핑이 확대되면서 디지털 결제환경이 빠르게 자리 잡고 있다.

셋째, 디지털화폐를 통한 통화 주도권 확보 경쟁이다. 비트코인에서부터 시작된 디지털 자산의 확산은 기존 기득권 화폐의 통제권을 위협했다. 민간에서 발행하는 디지털 자산이 중앙은행발 권력을 위협하는 존재가 되면서 각국의 중앙은행은 서둘러 CBDC 연구와 발행

코로나19 팬데믹 이후 유럽 소비자 결제방식의 변화

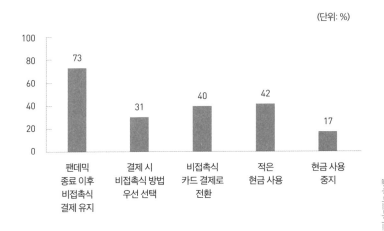

(단위: %)

코로나19 팬데믹으로 인한 언택트 시대는 결제방식에도 비접촉이 필요하다는 인식의 변화를 촉진했다. 그리고 이는 디지털 자산의 활성화에도 많은 영향을 끼쳤다.

을 계획하고 있다. 즉, 비트코인, 이더리움을 비롯해 스테이블 코인인 USDT, USDC 등이 발행되면서 중앙은행의 통화 주도권을 민간에 빼앗길 수도 있다는 불안감이 정부의 입장 변화를 가져왔다고 볼 수 있다.

CBDC가 그리는 새로운 미래

●

CBDC가 적용되는 분야를 살펴보면 크게 거액결제형과 소액결제형으로 나눌 수 있다. 거액결제형은 은행, 증권사, 카드사 등의 금융기관 간 거래에 한정돼 있다. 거액결제형은 통화정책의 효율성을 직접적으로 높이고 국외 거래의 효용성을 확대하는 데 목적이 있다. 소액결제형은 개인, 기업 등 모든 경제 주체가 사용할 수 있으며 국내 거래의 효율성을 높이고 결제 안정성을 높이는 수단으로 활용된다.

거액결제형 운영 프로세스를 살펴보면 다음과 같다. 중앙은행은 시중은행이 예치한 자금을 담보로 잡고 CBDC를 발행한다. 시중은행은 상대 은행과 CBDC로 자유롭게 거래하고 정해진 거래 기간이 지나면 남은 CBDC를 중앙은행에 환매하고 저당을 풀게 된다. 기존의 결제시스템과 크게 다르지 않지만, 중앙은행은 CBDC의 발행과 환매 역할만 하고 자금거래는 시중은행들끼리만 자유롭게 한다는 점에서 기존 시스템보다 효율성이 높다. 그동안 중앙은행과 시중은행 간에 자금거래를 하기 위해서는 전자적 방법을 활용한다고 하더라도 결국은 지폐, 동전과 같은 물리적 화폐가 수반돼야 했다. 하지만 CBDC는 물리적 화폐를 디지털화폐로 대체함으로써 청산 절차가 사라져 관련 유통 비용을 낮추고 효율적인 자금유통과 운영을 가능하게 한다.

소액결제형은 국민 개개인이 직접 사용할 수 있는 전자화폐다. 국가 신용을 담보로 현금과 같은 효력을 가진다. 그동안 흔히 쓰던 간편결제서비스인 카카오페이, 토스와 사용 방법이 비슷하다. 하지만 CBDC는 은행 계좌가 없더라도 전자지갑만 있으면 사용할 수 있다는 점에서 이들과 다르다. 간편결제는 신용카드, 은행 계좌와 모바일을 연계한 결제서비스이므로 은행, 카드사와 같은 금융기관이 필요하다. 그러나 소액결제형 CBDC는 자체적으로 가맹점을 개설하는 신용카드, 직불카드, 포인트 등의 민간 서비스와 달리 모든 결제 가맹점에서 반드시 사용할 수 있어야 한다. 왜냐하면 CBDC는 법정화폐이기 때문이다. 만약 식당, 편의점, 쇼핑몰에서 CBDC를 받지 않는다는 것은 현금으로 계산이 안 된다는 것과 같은 의미다. 이것이 바로 CBDC가 가진 잠재력이자 파급력이다.

거액결제형은 금융기관끼리만 거래를 한다는 점에서는 기존 금융시스템의 운영체계와 크게 다르지 않다. 그래서 국민 개개인에게 미치는 영향은 소액결제형에 비해서 상대적으로 작다. 반대로 소액결제형은 실물경제 시장에 미치는 파급효과가 크다. 특히 기존 금융기관인 은행이 받는 영향이 클 것으로 예상된다. 기존에는 법정통화를 수신해 이를 바탕으로 사업을 영위할 수 있는 기관은 은행, 증권사, 카드사 등의 전통 금융기관이 유일했다. 그러나 CBDC의 발행에 따라 앞으로는 그 범위가 핀테크, IT 기업까지 확대될 것이다.

최근 몇 년간 IT 기술의 급성장과 간편결제 송금 이용의 확대로 인해 핀테크의 금융소비자 침투율이 굉장히 높아졌다. 이러한 축적된 기술과 경험을 바탕으로 비금융 사업자가 CBDC를 운영한다면 전통 금융기관의 입지는 더욱 줄어들게 될 것이다. 예를 들어 네이버나 쿠팡이 시중은행과 같은 지위의 CBDC 운영 사업자가 된다면, 네이버 앱이나 쿠팡 앱의 CBDC 지갑 주소를 통해 물건을 구매하는 것은 물론이고 급여수령이나 세금납부를 할 수도 있다. 결국, 금융활동을 위해 은행 계좌나 금융 앱을 이용할 필요가 점점 사라지게 된다. CBDC

는 은행 계좌가 없어도 전자지갑만 보유하고 있다면 이용할 수 있다. 그간 은행의 전유물로 여겨졌던 화폐 관리시스템이 CBDC로 인해 IT 기업으로 확대되는 것이다.

CBDC는 법정화폐이므로 가맹점은 이를 반드시 받아들여야 한다. 이것이 바로 CBDC가 실생활에 급속하게 확산될 수 있는 요인이다. 머지않은 미래에 급여소득자는 CBDC 전자지갑으로 급여를 받고 공과금을 납부하며 쇼핑몰에서 사용하는, 즉 모든 금융활동을 CBDC로 해결할 수 있는 날을 맞이하게 될 것이다. 그나마 남아있던 호주머니의 현금이 단 한 푼도 필요하지 않게 되는 세상이 다가오고 있다.

CBDC는 전통적인 화폐의 개념과 관행에 변화를 가져온다. 중앙화폐의 안정성이 큰 선진국을 제외하고 상대적으로 금융 수준이 낮은 신흥국들이 CBDC 도입을 서두르고 있다. 이는 개발도상국, 신흥국의 결제시스템과 구조와 금융환경 수준 때문인데, 이들 국가는 화폐 안정성이 떨어지는 데다가 선진국이 CBDC 발행을 통해 글로벌 화폐 전쟁을 벌인다면 자국의 화폐는 그나마 가지고 있던 경쟁력도 상실할 것이라는 위기감을 크게 느끼고 있다. 즉, 신흥국들은 낙후된 금융시스템으로 인해 빠르고 직접적인 통화정책의 실행, 현금 유통 비용의 절감, 결제시스템의 선진화를 목표로 CBDC 발행을 서두르고 있다.

한편으로, 미국, 중국, 유럽의 선진국들은 CBDC 발행을 통해 통화 주권국으로서의 지위 확보, 민간 디지털 자산과 경쟁, 금융시스템의 선진화를 목표로 상호 경쟁에 박차를 가하고 있다. 2021년 우리나

디지털 환경의 확산, 코로나19 팬데믹, 통화 주도권 확보 경쟁은 전 세계 각국의 CBDC 준비 속도를 가속화했다.

라 원화의 글로벌 결제 비중은 태국 바트, 싱가포르 달러, 홍콩 달러 등의 아시아 통화보다도 낮은 수준인데, 적극적인 원화 국제화를 통해 활용도를 높일 필요가 있다. 전 세계 10위권 수준의 경제 규모를 감안하면 원화의 국내외 활용도는 다른 OECD 국가에 비해서 상당히 뒤떨어진다. 주요국들이 CBDC에 대한 연구를 끝내고 상용화 시점을 저울질하고 있는 만큼, 디지털 원화 연구 개발 속도도 더욱더 끌어올릴 필요가 있다.

비록 한국은행의 CBDC 연구·개발 시작 시기는 빠르지 않았지만, 원화의 화폐 주권을 확고히 해서 앞으로 펼쳐질 글로벌 화폐 전쟁에서 후발주자로 뒤처지지 않도록 노력해야 한다. 특히 CBDC의 성패는 정부의 독자적인 수행에 달린 것이 아닌 만큼 보다 다양한 공공, 민간 사업자와의 협력이 필요하다. 민간 사업자와 디지털 자산과의 긴밀한 상생을 통해 국제적인 경쟁력을 갖춰야 할 것이다.

2부

디지털 자산,
어떻게 미래를
바꿀 것인가

테슬라와 스타벅스가
디지털 자산과 만나는 방법

●　●　●

자동차와 커피 프랜차이즈는 전통적인 산업군에 속하면서도 급성장하는 혁신 업종 중 하나다. 자동차는 디지털 대전환을 기조로 삼고 자율주행과 전기동력이라는 두 가지 목표를 달성하기 위해 발전을 거듭하고 있다. 유럽은 2025년까지 모든 자동차를 전기차로 전환하겠다는 목표를 세웠고 자율주행 기술도 발전을 거듭해 2025년경에는 완전 자율주행의 상용화를 목표로 하고 있다.

커피 시장도 신흥국 시장이 커지면서 성장을 거듭하고 있다. 세계 커피협회의 자료에 따르면 전 세계 커피 시장은 연평균 20% 이상 성장하고 있다. 이런 성장 과정에서 커피라는 상품 자체는 급격한 차별화나 특징을 갖기 어려운 편이라 해당 업종의 업체들은 디지털 전환을 통해 주로 고객 경험의 대변환을 시도하고 있다.

자동차 산업, 커피 프랜차이즈, 디지털, 혁신을 연결지어서 생각하면 제일 먼저 떠오르는 기업이 어디일까? 바로 테슬라와 스타벅스일 것이다. 혁신의 대명사이자 전 세계 시장을 이끄는 테슬라와 스타벅스가 디지털 자산을 만나서 혁신의 속도를 높이고 있다.

문화를 넘어서 금융으로, 스타벅스

●

1971년 미국 시애틀에서 처음으로 문을 연 스타벅스는 1999년에는 우리나라에도 이대 1호점을 개장하며 글로벌 최대 커피 프랜차이즈로 성장했다. 2020년 말을 기준으로 전 세계 80여 개국에 32,000개가 넘는 매장을 보유해서 100여 개국에 33,000여 개의 매장을 보유한 맥도날드와 함께 세계 최대 프랜차이즈의 지위를 다투고 있다.

이런 상황에서 글로벌 커피 시장이 급속하게 성장하면서 경쟁이 더욱 치열해지고 있는데, 스타벅스는 가장 큰 시장인 미국은 물론이고 중국에서도 세계 커피 시장을 견인하며 성장을 지속하고 있다. 그나마 스타벅스의 가장 강력한 경쟁사였던 중국의 루이싱커피Lukin Coffee가 2020년 4월에 회계조작 사건으로 미국 증권거래소에서 상장폐지를 당하면서 스타벅스의 위상은 더욱 공고해졌다. 국내에서도 스타벅스커피 코리아는 2020년 말을 기준으로 1조 9,284억 원의 매출, 약 1,500개 이상의 매장을 보유하며 국내 커피 시장에서 독보적인 1위를 유지하고 있다.

2018년 3월, 스타벅스는 뉴욕증권거래소의 모회사인 인터콘티

넨털 익스체인지Intercontinental Exchange가 운영하는 디지털 자산 선물 거래 플랫폼인 '백트Bakkt'에 투자했다. 2019년 9월에 출범한 백트는 설립 초기부터 마이크로소프트, 보스턴 컨설팅 그룹, 갤럭시 디지털Galaxy Digital, 판테라 캐피털Patera Capital 등의 기업으로부터 약 1억 8,000만 달러(한화 약 2,100억 원)의 투자를 받아 전 세계 투자자들의 이목을 사로잡았다. 그렇다면 스타벅스는 왜 백트에 전략적 투자를 하게 됐을까?

스타벅스는 소비자들이 결제용 디지털 자산을 미국 달러로 전환해 스타벅스에서 사용할 수 있도록 실용적이고 신뢰할 수 있으며 규제를 준수하는 앱을 개발하겠다고 발표했다. 이때 백트가 핵심적인 역할을 한다. 스타벅스 앱은 다양한 모바일 쿠폰, 간편결제, 선불충전 서비스 등을 제공하는데 각종 프로모션, 리워드, 사이렌 오더(간편 주문) 서비스 기능을 제공함으로써 이용자로 하여금 자동충전을 유도한다. 결국, 스타벅스가 노리는 핵심은 선불충전과 자동충전이다. 이는 고객이 스타벅스 플랫폼으로 강력하게 록인Lock-in되는 것을 의미한다.

스타벅스에 대한 로열티가 강한 고객들은 기꺼이 스타벅스 충전 서비스를 이용한다. 2016년을 기준으로 미국 내 총 충전금은 약 12억 달러(한화 약 1조 4,000억 원)로, 미국의 웬만한 중소은행 예치금보다 많은 수준이다. 스타벅스는 이러한 예치금을 바탕으로 모바일 간편결제를 활성화하고 있다. 미국의 스타벅스 앱은 2,300만 명이 넘는 유저 수를 자랑하는데, 이는 구글페이, 삼성페이 이용자 수의 2배 이상

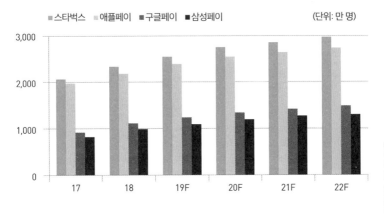

스타벅스 결제 앱은 이용자 수나 증가폭 면에서 타 결제 앱을 압도한다. 스타벅스의 압도적인 시장 장악력은 차후 스타벅스의 산업이 디지털 자산과 연계됐을 때 성공 가능성을 가늠케 한다.

이며 심지어 애플페이 이용자보다도 많은 수치다.

　스타벅스는 디지털 대전환 시기에 가장 성공적으로 전환을 이룬 기업으로 손꼽힌다. 미국 스타벅스의 모바일 주문 비율은 2017년 1분기에는 8% 수준에서 2020년 3분기에는 24%로 3년 만에 3배가량 증가했다. 2020년 국내 커피 브랜드별 결제 금액 부분에서도 스타벅스는 약 2조 6,000억 원을 넘어서며 2, 3위권인 투썸플레이스의 약 5,600억 원, 이디야커피의 약 5,300억 원을 크게 앞질렀다. 이는 스타벅스를 제외한 모든 커피 프랜차이즈 전문점을 합친 것보다도 많은 수준이다.

이제 스타벅스는 단순한 커피 전문점이 아니다. 2017년에는 IBM, 마이크로소프트 등 글로벌 IT 업계 출신의 인재 케빈 존슨Kevin Johnson을 CEO로 영입하면서 인공지능, 블록체인, 클라우드, 사물인 터넷 등의 디지털 신기술 도입에 더욱 박차를 가했다. 클라우드와 연 결돼 스스로 고장을 분석하고 자체적으로 성능을 관리하는 커피머신 을 비롯해서 원두, 우유 등 제품의 신선도와 유통시스템을 추적 관리 하는 스마트 냉장고, 인공지능으로 고객의 소비패턴을 분석해 신상품 을 추천하거나 맞춤형 쿠폰을 제공하는 앱에 이르기까지 다양한 디지

스타벅스는 기프트카드, 앱 등 오직 스타벅스에서만 사용할 수 있고 충전 기능을 지원하는 기술을 통해 이용자를 자사의 플랫폼으로 강력하게 록인시킨다.

털 기술을 기반으로 디지털 혁신을 꾀하고 있다.

스타벅스는 전 세계 80여 개국에 진출해 있는데, 해당 국가에 맞춰서 각기 다른 멤버십 제도를 운영한다. 따라서 현재는 국내에서 충전한 원화를 미국 매장에서는 사용할 수 없다. 앞으로 스타벅스는 자체 디지털 자산이나 블록체인 기술을 바탕으로 비용 절감과 글로벌 시스템 통합, 세력 확장을 이루리라고 예상된다.

또한, 스타벅스는 그동안 디지털 자산 결제를 통해 익힌 노하우, 기술을 바탕으로 자체 토큰 경제를 설계하고 암호화폐를 발행 및 유통할 수도 있다. 스타벅스만의 독특하고 높은 로열티 브랜드 신뢰성을 가지고 안정적인 결제시스템을 운영할 수도 있을 것이다. 결제시스템이 구축되면 이를 통해 수신, 여신, 환전, 결제, 나아가 금융상품까지 다양한 금융서비스를 포괄적으로 제공할 수도 있다. 바야흐로 '스타벅스 커피'에서 '스타벅스 은행'으로 탈바꿈하는 것이다. 이것이 과연 상상으로만 그치게 될까?

"커피 프랜차이즈로 시작한 스타벅스가 세상에서 가장 큰 핀테크 기업이 될 수도 있다"라는 주장은 단순히 흘려듣기에는 그간 스타벅스가 보여준 잠재력이 너무 크다. 스타벅스 이용 고객의 약 40%는 모바일 앱을 이용해 결제하고, 모바일 주문 및 결제시스템인 사이렌 오더는 미국에서만 약 2,340만 명 이상의 회원이 사용하고 있다. 스타벅스가 금융업 진출을 준비하고 있다는 주장에 설득력을 심어주는 사건도 발생했다.

2018년 10월, 아르헨티나 스타벅스는 방코 갈리시아^{Banco Galicia}

은행과 파트너십을 체결하고 오프라인 은행 지점을 출점했다. 은행 이름도 '커피 은행'으로 정했다. 은행 지점에 스타벅스가 입점한 것이 아니라 스타벅스 지점에 은행이 들어간 것이다. 지점 설립 이후 파격적인 시도는 없었지만, 스타벅스가 가진 금융업에 대한 관심과 진출 시의 모습을 조금이나마 엿볼 수 있는 사례다.

스타벅스는 금융서비스를 제공할 수 있는 오프라인 인프라를 이미 전 세계 80여 개국에 보유하고 있다. 디지털 자산을 활용할 수 있는 백트 플랫폼도 가지고 있다. 이는 곧 글로벌 결제수단으로 디지털 자산을 가지고 매장에서 커피, 굿즈 등의 물품 구매가 가능하며, 나아가 디지털 자산과 법정통화의 교환, 환전, 송금 체계를 구축할 수 있다는 의미이기도 하다. 디지털 자산의 기술적 노하우와 온·오프라인의 인프라는 모두 갖췄다. 이제 이를 실생활로 옮길 전략과 실행력만이 남아있다.

2021년 3월에는 백트가 스타벅스, 베스트바이, 골프나우, 초이스호텔 등 102개 글로벌 소매점에서 결제가 가능한 디지털 자산 지갑 서비스를 내놓으면서 스타벅스에서도 비트코인을 쓸 수 있게 됐다. 비트코인으로 스타벅스의 선불상품권을 구매한 후 매장 결제 시 활용하는 방식이다.

스타벅스 커피 제국을 만든 하워드 슐츠 이사회 의장은 "커피가 아니라 문화를 팝니다"라고 했다. 머지않아 스타벅스가 '문화'를 넘어서 '금융'을 파는 날이 올지도 모른다. 스타벅스의 글로벌 금융 중심에는 디지털 자산이 자리할 것이다.

테슬라와 일론 머스크가 바라보는
디지털 자산의 가능성

●

2021년 1월, 테슬라는 약 15억 달러(한화 약 1조 7,000억 원) 규모의 비트코인을 구매했다고 발표했다. 테슬라의 2020년 연례보고서에 따르면 테슬라는 기업자금을 더 유연하고 효율적으로 운영하기 위해 비트코인을 취득했다고 공시했다. 또한, 테슬라 차량을 비트코인으로 구매할 수 있게 지원한다는 목적도 있다고 밝혔다. 이후 2021년 3월부터 실제로 테슬라 홈페이지에 비트코인 결제 버튼이 생겼다. 비트코인 지갑에서 QR코드를 스캔하거나 결제 주소에 비트코인을 보내면 테슬라 차량을 구매할 수 있게 됐다.

테슬라는 빠른 결제 지원을 위해 비트코인 '노드 Node'까지 직접 운영하기로 했다. 노드란 비트코인을 비롯한 디지털 자산의 검증 유효 처리를 위한 서버 개념이라고 할 수 있다. 디지털 자산 업체들은 노드를 직접 운영하며 이를 통해 네트워크 검증, 빠른 처리 등을 한다. 노드의 직접 운영을 통해 테슬라는 구매 후 1분 내로 비트코인 결제처리를 할 수 있게 됐다.

테슬라의 이러한 파격적인 행보는 CEO인 일론 머스크의 의도에 따른 것이다. 테슬라의 창업자인 머스크는 비트코인 결제를 도입하기 이전부터 디지털 자산에 관해서 긍정적인 메시지를 계속 전달해왔다. 자신의 트위터 계정에 '#비트코인' 해시태그를 추가하기도 했고, 언론과의 인터뷰에서도 비트코인은 매우 좋은 것이며 매우 진지

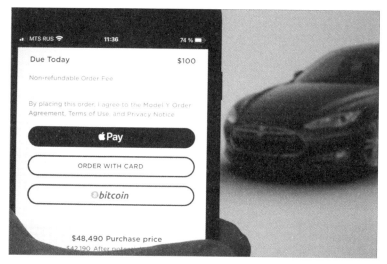

머스크는 비트코인의 가치에 주목하고 이를 테슬라의 결제수단으로 활용함으로써 디지털 자산을 긍정적으로 보고 있다는 메시지를 고객들에게 전달했다.

하게 접근하고 있다고 얘기했다. 미국 내 시가총액 10위권의 거대 기업이 디지털 자산을 인정하고 사업연계까지 하겠다는 것은 대단히 파격적인 조치가 아닐 수 없다.

그동안 머스크가 디지털 자산에 대해 계속해서 좋은 평가를 내렸던 것은 사실이지만, 그렇다 해도 테슬라의 비트코인 구매와 테슬라 차량의 비트코인 결제 지원은 누구도 예상하지 못했던 일이었다. 테슬라가 바라보는 비트코인은 어떤 의미이며 왜 비트코인에 투자하게 됐을까? 테슬라의 비트코인 투자 목적은 크게 세 가지로 요약할 수 있다.

첫째, 화폐 가치 하락으로 인한 기업자산 방어의 목적이다. 코로나19 팬데믹 이후로 미국 연방준비제도이사회의 대규모 통화량 확대 정책인 양적완화로 인해 달러의 통화량이 급증했다. 양적완화는 자산 가치의 상승을 의미하며 현금 가치의 하락을 동반한다. 머스크의 비트코인 구매는 이러한 화폐 가치 하락 방지를 위한 방어책으로 볼 수 있다. 기업의 유보금은 일반적으로 은행예금, 단기채권 등으로 구성되는데, 테슬라는 통화 가치 하락으로 인해 화폐의 보유 매력이 점차 줄어드는 상황에서는 현금가치 하락을 회피하기 위한 유용한 수단으로 비트코인이 적절하다고 판단한 것이다. 즉, 디지털 금으로서의 역할이다.

둘째, 테슬라 결제수단의 다양화다. 테슬라는 전기차 시장에서 플랫폼 기업으로 성장하기 위해서 결제, 금융 플랫폼으로 사업을 확장하고자 한다. 이런 상황에서 전 세계의 누구나 이용 가능한 디지털 자산의 결제 지원을 통해 테슬라의 구매력을 끌어올리고자 했다. 테슬라의 유일한 판매 채널은 온라인이다. 즉, 전 세계적으로 통용되고 표준화돼 있으며 온라인과 친화적인 결제수단을 확보하는 것은 테슬라에게 있어서 필수불가결한 일이다. 게다가 이를 통해 금융업 진출을 위한 초석을 다질 수도 있다.

머스크는 이미 페이팔의 전신인 엑스닷컴X.com을 창업한 경험을 가지고 있다. 글로벌 거대 기업인 아마존, 알리바바를 비롯해서 국내에서도 네이버, 카카오와 같은 빅테크 기업들의 금융 진출이 급속히 이뤄지는 마당에 테슬라가 금융업 진출을 하지 못할 이유는 없다. 글로벌 자동차회사들은 구매자가 차량을 할부로 구매할 시에 자체 혹은 외부 제휴를 통한 파이낸셜 서비스를 제공하고 있는데, 테슬라는 디지털 자산을 활용해 차량 구매를 넘어서 할부나 대출까지 가능하게 만들 수 있다.

셋째, 디지털 자산과의 연계를 통한 테슬라 중심의 플랫폼 확장이다. 테슬라는 전기차, 자율주행 기술 외에도 관계사를 통해서 스페이스X의 우주개발 사업, 스타링크Starlink의 인공위성 광대역 인터넷 사업 등을 펼치고 있다. 테슬라는 관계사들과 중장기적인 관점에서는 사업 연관성이 있지만, 단기적인 측면에서는 직접적인 연계성을 찾기 어렵다고 판단했다. 이런 상황에서 머스크는 테슬라 중심의 사업 통합과 플랫폼 전략으로 기업 확장을 달성하고자 디지털 자산을 활용하는 것으로 보인다. 테슬라가 비트코인을 구매한 것을 넘어서 비트코인 노드 역할을 하면서 기술 분석에 나선 것은 단순히 자산 투자가 최종 목적이 아니라는 것을 증명한다. 즉, 머스크가 자체 디지털 자산 기반의 생태계를 구성하고 자체 토큰 이코노미를 구현할 수도 있음을 의미하는 것이다.

테슬라가 비트코인 결제를 허용한 지 두 달도 채 되지 않은 2021년 5월, 머스크는 돌연 이를 중단시켰다. 테슬라가 비트코인 결제를 중단한 이유는 비트코인 채굴과 거래에 막대한 전기가 사용되는데 이로 인해 소모되는 화석연료, 특히 석탄의 양을 빠르게 증가시켜 비트코인이 친환경적이지 않다는 이유 때문이었다. 또한, 그는 비트코인 거래 한 건에 드는 에너지의 1% 미만을 소모하는 다른 디지털 자산을 살펴보고 있다고 했다.

머스크가 환경 오염을 이유로 비트코인 결제 지원을 철회한 것은 일견 이해하기 힘들다. 비트코인 채굴에 막대한 전기가 사용된다는 것은 이미 오래전부터 널리 알려져 있던 문제였다. 이후 머스크는 자신의 주된 소통창구인 트위터를 통해 비트코인에 대한 옹호론과 비관론을 수없이 쏟아냈다.

그러나 머스크의 기행이 단기적으로는 디지털 자산시장에 악영향을 미친 것은 사실이지만, 장기적으로는 친환경 자산으로 나아가기 위한 시도가 시작됐다는 점에서 오히려 잘된 일이라고도 할 수 있다. 2021년 5월, 머스크를 비롯해 비트코인 대규모 투자로 유명한 마이크로스트레티지MicroStrategy의 CEO인 마이클 세일러가 주축이 돼 북미 '비트코인 채굴협회Bitcoin Mining Council'를 구성했기 때문이다. 전문 협회 구성을 통해 비트코인은 에너지 사용 표준화 논의 등 친환경 자산으로 거듭나기 위해 첫발을 내디뎠다. 대표적 비트코인 지지자이자 스퀘어의 CEO인 잭 도시도 친환경 비트코인 채굴을 위한 프로젝트에 약 1,000만 달러(한화 약 112억 원)를 출자했다.

머스크는 약 1년 반 정도의 짧은 기간 동안 비트코인에 대한 태도를 수시로 바꿔왔다. 2021년 6월에는 테슬라의 비트코인 결제를 재개한다고 발표했다. 머스크의 이 같은 갈지자 행보가 무슨 이유 때문인지는 알 수 없다. 하지만 머스크와 그의 기업들이 비트코인을 비롯한 디지털 자산에 상당한 관심을 가지고 있다는 점은 분명하다. 그는 이러한 관심을 바탕으로 디지털 자산의 잠재력, 한계, 개선 가능성 등을 화두로 던지며 공론화하고 있다. 실제로 비트코인 가격이 약

1만 달러(한화 약 1,120만 원)였던 2020년 10월과 가격이 급격하게 상승한 2021년 5월의 비트코인을 비교하면 비트코인 네트워크의 전력 소비량이 약 2.5배 증가했다.

앞으로 비트코인 가격이 점점 더 오를수록 이에 따른 환경 오염도 더욱더 심각해질 수 있다. 그러나 그동안 고질적인 문제점으로 지적됐던 비트코인에 대한 불편한 진실을 머스크가 대놓고 저격하면서 공론화된 토론의 장으로 끌어내고 있다. 이를 통해 전 세계의 전문가들이 갑론을박으로 점차 해결점을 찾아가는 모습은 긍정적이다. 이처럼 머스크가 디지털 자산 긍정론과 비관론의 경계선을 아슬아슬하게 넘는 것이 앞으로 어떤 결과를 가져오게 될 것인지는 지켜볼 일이다.

디지털 자산, 투자에
변화를 일으키다

● ● ●

대표적인 디지털 자산인 비트코인은 총 2,100만 개라는 희소성과 위·변조가 불가능하다는 불변성을 가진다. 가장 오래되고 전통적인 기초자산이자 희소성과 불변성을 가진 금과 비교해서 '디지털 금'으로 부르기도 한다. 테슬라, 페이팔, 스퀘어, 마이크로스트레티지 등의 글로벌 기업들도 비트코인을 투자자산으로 인정해 자신이 보유한 자산의 일부를 비트코인으로 대체하고 있다. 또한, 나스닥 상장사들도 비트코인을 가치저장 수단과 대체투자 수단으로 인정하고 있다.

월가의 투자 대가들도 이러한 인식의 변화에 합류했다. JP모건은 2021년 말까지 비트코인의 가격이 약 14만 6,000달러(한화 약 1억 6,000만 원), 씨티은행은 무려 약 31만 달러(한화 약 3억 5,000만 원)에 이를 것으로 전망했다. 디지털 자산이 투자상품으로서 갖는 매력은 무엇이며, 그동안 변방에만 머물러 있던 디지털 자산의 전통 자산시장 진출이 의미하는 것은 무엇일까?

변방에서 주류로, 코인베이스의 상장

●

코인베이스Coinbase는 미국 샌프란시스코에 위치한 미국 최대의 디지털 자산 거래소다. 2012년 6월에 설립된 코인베이스는 USAA United Services Automobile Association, 앤드리슨 호로위츠, 유니온 스퀘어 벤처스 Union Square Ventures 등의 유명 벤처캐피털로부터 약 2억 1,700만 달러(한화 약 2,300억 원)를 투자받기도 했다. 2021년을 기준으로 4,300만 명이 넘는 고객을 보유하고 있으며 전 세계 100개 이상의 국가에서 이용할 수 있다.

2021년 4월, 코인베이스의 자료에 따르면 자사의 1분기 매출은 지난해 약 1억 9,000만 달러(한화 약 2,143억 원)에서 약 18억 달러(한화 약 2조 원)로 9배 이상 증가했다. 순이익은 2020년 1분기에는 약 3,190만 달러(한화 약 359억 원) 수준이었던 것이 2021년 1분기에는 약 8억 달러(한화 약 9,000억 원) 수준으로 25배 넘게 폭증했다. 모두 비트코인과 이더리움의 가격이 상승한 덕택이다. 디지털 자산 거래소는 이용자의 자산 매매 시 수수료 명목으로 약 0.5~3%의 수수료를 가져가는데, 디지털 자산의 가격 상승과 거래량의 증가로 엄청난 수익을 얻은 것이다.

같은 달에 코인베이스는 기술주 중심의 미국 증권거래 시장인 나스닥에 상장했다. 코인베이스는 기업공개IPO 대신 직상장Direct listing 방식을 선택했는데, 이는 투자자에게 직접 주식을 매도해 상장하는 방식으로 공모절차 없이 상장 전날에 공개된 준거가격으로 주문이 체결되는 방식이다. 자본 시장은 코인베이스가 높은 성장세 덕분에 대규모의 현금이 필요하지 않아서 일반적인 공모절차를 거치지 않은 것으로 분석했다. 코인베이스는 상장하자마자 시가총액이 약 1,000억 달러(한화 약 112조 원)까지 올라갔다. 이후 일부 하락하긴 했지만, 여전히 ING 그룹, 페라리, 필립스 등의 글로벌 기업들과 어깨를 나란히 하고 있다.

코인베이스의 나스닥 상장은 디지털 자산이 제도권에 편입했다는 점에서 큰 의미가 있다. 그동안 디지털 자산과 관련된 채굴, 인프라, 장비 기업이 상장한 사례는 있었어도 코인베이스처럼 디지털 자산의 거래가 주 업무인 기업이 상장한 것은 처음이다. 전통적인 관점을 보여왔던 규제당국이 드디어 디지털 자산시장의 투명성, 통합성, 내부통제 등을 검증하고 승인한 셈이다.

미국 중서부 와이오밍주의 블록체인 위원회 설립자는 "미국 증권거래위원회SEC 심사통과는 투자설명서에 담긴 디지털 자산 관련 내용을 모두 받아들였다는 의미다"라고 평가하며 코인베이스의 나스닥 상장에 높은 의의를 부여했다. 와이오밍주는 2019년에 스마트 계약에 대한 법적 기반을 미국 최초로 마련하고 기관투자자들이 관리은행을 통해서 직접 디지털 자산을 소유할 수 있도록 하는 등 미국 내에서 디지털 자산에 가장 친화적인 주다.

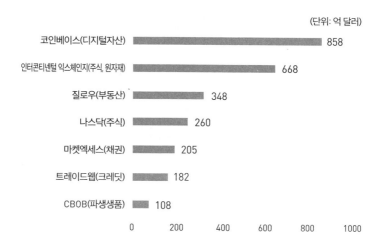

전통 금융과 디지털 자산시장은 이제 규모의 격차로 구분할 수 있는 수준을 넘어서 서로 영향을 미치는 수준에 이르렀다.

디지털 자산시장의 낙관론자들은 코인베이스의 상장이 디지털 자산에 대한 높은 관심과 투자심리를 크게 자극하리라고 전망했다. 특히 미국 SEC의 비트코인 ETF 승인에도 긍정적인 영향을 미치게 되리라고 전망했다.

하지만 비관론자들의 시각도 존재한다. 비관론자들은 코인베이스의 나스닥 상장 효과는 일시적인 현상이고 결국 디지털 자산에 대한 경각심만 키울 뿐이며 주요 국가들은 오히려 규제를 가속할 것이라고 주장한다. 미국 재무부 장관도 자금세탁, 탈루, 은닉재산 등 디지털 자산의 불법적인 사용 사례를 지적하며 위법적인 거래에 대한 우

미국 최대 규모의 암호화폐 거래소인 코인베이스의 나스닥 상장은 규모 외에도 디지털 자산의 제도권 편입이라는 점에서 시사하는 바가 크다.

려를 표현했다.

　또한, 코인베이스의 시장가치가 지나치게 부풀려졌다는 것도 비관론자들이 염려하는 부분 중의 하나다. 이들의 견해에 따르면 코인베이스의 매출, 순이익 증가는 디지털 자산시장의 과열로 인한 단기적인 현상이며 그 성장세를 계속해서 유지하거나 더 상승하기란 불가능하다는 것이다. 게다가 이들은 앞으로 코인베이스와 유사한 디지털 자산 거래소가 나오게 되면 비즈니스 모델의 차별성이 크지 않은 탓에 수익을 나누게 돼 경쟁력을 상실할 수 있다는 점도 지적했다. 실제로 코인베이스의 수수료는 미국의 대표적인 경쟁 디지털 자산 거래소인 크라켄Kraken, 비트파이넥스Bitfinex, 비트렉스 등에 비해서 높은 편이다. 온라인 주식 자산 거래 플랫폼인 로빈후드Robinhood가 무료 수수료를 내세워서 온라인 주식시장을 장악했듯이, 저렴한 수수료를 내세운 디지털 자산 거래소가 나타나면 코인베이스의 매출에 상당 부분 불리하게 작용하리라는 예측이 많다. 코인베이스의 상장 이후로 미국 디지털 자산 거래소 최초로 은행업 라이선스를 취득한 크라켄과 국내 최대 거래량을 보유하고 있는 거래소인 업비트도 나스닥 상장을 준비하고 있다.

코인베이스가 나스닥 상장 이후에도 지금처럼 견고한 실적을 유지하며 제대로 자리 잡을 수 있을지는 그 누구도 장담하지 못한다. 다만 디지털 자산의 전통 제도권 진입이라는 측면에서 첫걸음을 뗀 것뿐이다. 디지털 자산과 전통 금융의 만남은 서로 동조화를 가속할 가능성이 크다. 동조화란 둘 이상의 국가 혹은 시장에서 환율, 주가, 금리 등의 경기 지표가 같은 방향으로 움직이는 현상을 의미하는데 디지털 자산의 등락은 코인베이스의 실적과 연관되고, 코인베이스는 나스닥 등의 금융시장에 영향을 미치기 때문이다. 앞으로도 제2, 제3의 코인베이스가 계속 나온다는 가정하에 그 속도는 더욱 가속화될 수 있다.

코인베이스와 같이 디지털 자산이 전통 금융시장으로 침투하는 현상과 더불어서 테슬라, 페이팔, 스퀘어 등과 같은 기업의 투자 포트폴리오에 디지털 자산의 편입도 늘어나고 있다. 전통 금융과 디지털 자산, 다른 듯하면서도 비슷한 성격을 가진 두 산업이 만나는 것은 상호 자극과 혁신의 기회가 될 것이다.

아크 인베스트의 빅 아이디어

●

2014년에 설립돼 미국 뉴욕에 위치한 아크 인베스트ARK Investment, ARKK는 코로나19 팬데믹 이후로 가장 유망한 ETF 자산운용사 중 하나다. 아크 인베스트의 스타 CEO인 캐시 우드Catherine Wood는 이름을 단순 직역해 일명 '돈나무 언니'라는 이름으로 국내 서학 개미들 사이에서도 높은 인기를 구가하고 있다. 아크 인베스트는 2021년 1월 글로벌 ETF 순유입액 부분에서 세계 최대 자산운용사인 뱅가드Vanguard 의 약 243억 달러(한화 약 27조 4,000억 원)의 뒤를 이어서 약 82억 달러 (한화 약 9조 8,000억 원)를 기록하며 전통의 강호 스테이트 스트리트State Street의 약 54억 달러(한화 약 6조 원), 블랙록BlackRock의 약 53억 달러

일명 '돈나무 언니'로 불리는 아크 인베스트의 캐시 우드는 대표적인 비트코인 옹호자로 알려져 있으며 테슬라의 초기 투자를 통해서 막대한 수익률을 거둔 것으로 유명하다. 그녀는 비트코인이 50만 달러(5억 원 이상)까지 간다는 예상을 내놓기도 했다.

(한화 약 5조 9,000억 원)를 제쳤다.

아크 인베스트는 ARKK, ARKQ, ARKW 등 적극적 운용전략을 펼치는 액티브 펀드Active fund 5개와 PRNT, IZRL 등 주가지표 수익률을 추종하는 인덱스 펀드Index fund 2개를 운용한다. 한때 총 운용자산 금액이 약 600억 달러(한화 약 67조 원)를 넘기도 했으며 혁신적인 기술주 중심의 급성장 덕분에 미국 10대 ETF 자산운용사로 자리 잡았다. 또한, 아크 인베스트는 테슬라의 초기 투자기관으로, 대표 ETF 상품인 ARKK의 운용자산은 테슬라의 비중이 10%가 넘는다. 덕분에 ARKK의 5년 누적 수익률은 740%라는 경이로운 수치를 보였다.

아크 인베스트는 2017년부터 투자 인사이트를 함께 나누기 위해 매년 초에 리서치 보고서를 발행하고 있다. 혁신의 종류와 그 영향, 장기적 관점에서 시장 대응, 창출해야 할 기회 등을 투자자들과 공유함으로써 새로운 투자 기회를 발굴하기 위해서다. 2021년의 보고서에는 비트코인에 관한 내용을 담았는데, 캐시 우드는 평소에도 디지털 자산의 혁신성에 대해 낙관적인 주장을 많이 하는 편이다.

2021년 보고서에 따르면 2020년 11월을 기준으로 비트코인 공급량의 약 60%가 1년 이상 이동하지 않고 있는 것으로 관찰됐다. 이는 비트코인에 대한 강한 신념을 가진 다수의 보유자가 시장을 바라보는 장기적인 관점을 유지하고 있다는 의미로 해석할 수 있다. 또한, 비트코인 수량 중에서 약 20%는 거의 이동이 없는 죽은 지갑이어서 실제 수량은 2,100만 개보다 더욱 적을 것으로 분석하고 이것이 비트코인의 공급 부족으로 이어져 가격 상승 압력을 더욱 높일 수도 있다는 점을 지적했다.

비트코인의 실제 가격과 가격 검색량을 비교해보면 2017년에 비해서 2021년은 격차가 크다는 사실을 알 수 있다. 이는 2017년은 단기적 가격 흐름이 주도했던 시장이라면 2021년은 장기적 관점에서 시장을 바라보는 이가 많다는 것을 의미한다. 미국 통화감독청은 은행의 디지털 자산 수탁서비스를 허용하고 스테이블 코인의 발행도 허용하는 등 포용적인 제도를 도입하고 있다. JP모건은 디지털 자산 거래소를 자사의 고객으로 받아들였고 크라켄은 은행 라이선스를 직접 획득하기도 했다. 이처럼 비트코인은 계속해서 시장의 신뢰성을 얻고 있는데, 보고서는 S&P500 기업이 만약 현금성 자산의 1%만 비트코인에 할당해도 그 가격이 약 40만 달러(한화 약 4억 4,000만 원)까지 상승할 수 있다고 전망했다.

아크 인베스트는 코인베이스의 상장 이후로 주력인 테슬라 주식을 일부 매도하고 약 6,400만 달러(한화 약 722억 원)에 달하는 코인베이스 관련 주식을 집중적으로 사들이기도 했다. 비트코인 가격이 전고점에 비해 약 40%가량 하락한 2021년 5월에도 캐시 우드는 비트코인의 목표가를 오히려 50만 달러(약 5억 5,000만 원)로 상향 전망했다. 현재 문제점으로 지적되는 비트코인 채굴방식의 비효율성과 환경오염 문제는 결국 해결책이 나타날 것이고, 이후 태양광, 수력 등의 친환경 에너지를 활용한 채굴방식이 비트코인의 가격 상승 속도를 극적으로 끌어올릴 것이란 예상에서 나온 전망이다. 미국 ETF 시장에 돌풍을 일으키고 국내 서학 개미들의 열렬한 지지를 받았던 캐시 우드

비트코인 가격 검색량과 비트코인 실제 가격 비교

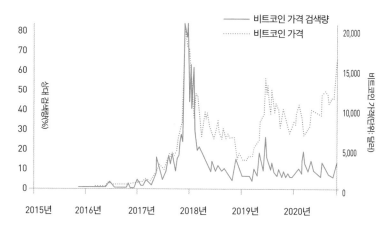

출처: 아크 인베스트

비트코인 가격 검색량이 늘어나는 만큼 실제 가격도 높아진다. 하지만 2019년부터 비트코인 가격 상승에도 불구하고 가격 검색량은 제자리를 걷고 있다. 이는 비트코인의 가치를 믿는 장기 투자가 점차 증가하고 있다는 의미로 해석할 수 있다.

의 인사이트, 아크 인베스트의 빅 아이디어가 디지털 자산시장에서도 지속될 수 있을지는 재미있는 관전 포인트가 될 것이다.

비트코인 펀드와 비트코인 ETF

●

2021년 2월 캐나다의 토론토 증권거래소에 세계 최초로 비트코인 ETF가 상장됐다. 캐나다 비트코인 ETF인 'BTCC Purpose Bitcoin ETF'는 출시 일주일 만에 약 6억 달러(한화 약 6,700억 원)의 자금을 모았으며, 2021년 4월에는 미래에셋자산운용의 계열사인 캐나다 ETF 운용사 '호라이즌스Horizons ETFs'도 토론토 증권거래소에 비트코인 ETF 2종목을 상장했다.

2011년에 미래에셋자산운용이 인수한 호라이즌스 ETFs는 캐나다 4위권의 ETF 자산운용사로서 2020년을 기준으로 93개의 ETF를 운용하며 약 168억 달러(한화 18조 7,000억 원) 규모의 총 운용자산을 보유하고 있다. 호라이즌스 ETFs의 ETF 상품은 비트코인 지수를 추종하는 '베타프로 비트코인BetaPro Bitcoin ETF'와 비트코인 지수를 역으로 추종하는 '베타프로 인버스BetaPro Inverse Bitcoin ETF'의 두 종류다. 비트코인 ETF는 비트코인에 직접 투자하지 않고 시카고상업거래소에서 거래되는 비트코인 선물을 통해서 투자한다. 캐나다에 이어 브라질에서도 2개의 비트코인 ETF를 상장했다.

미국 주식시장에는 디지털 자산 채굴, 블록체인 기술 연구, 소프트웨어 개발, 인프라 장비 구축 등에 투자하는 ETF는 있지만, 비트코인에 직접 투자하는 ETF는 없다. 글로벌 자산운용사인 피델리티Fidelity, 반에크VanEck 등이 미국 SEC에 비트코인 ETF 발행을 신청하고 결과를 기다리고 있지만, 승인 여부는 미정이다. 2013년 미국의 디지털 자산 거래소인 제미니Gemini를 시작으로 여러 자산운용사가 비트코인 ETF 등록을 시도했지만, 아직 성공하지 못했다.

SEC가 비트코인 ETF를 승인하지 않은 이유는 시세 불안정과 불투명한 시장 정세 때문이다. 글로벌 자산운용사들도 앞다퉈 미국 시장에 비트코인 ETF를 출시하기 위해서 심혈을 기울이고 있다. 전세계의 투자사들이 미국 SEC의 비트코인 ETF 승인 여부에 촉각을 세우고 지켜보고 있지만, SEC는 아직 입장 표명을 유보하는 중이다. 과연 비트코인 ETF는 어떤 의미가 있길래 디지털 자산시장에서 그토록 간절하게 기대하는 것일까?

우선 ETF는 일반펀드보다 수수료가 낮은 편이다. 펀드가 1% 정도라면 ETF는 0.01~0.1% 정도다. 게다가 까다로운 상장심사 요건을 거쳐 주식시장에 상장되므로 투자자들이 투자금을 믿고 맡길 수 있으며, 투자금액도 ETF의 판매 단위에 따라서 소액으로도 투자할 수 있다. 즉, 특정 분야에 대한 지식이 부족하더라도 소액으로 해당 분야에 대한 분산투자 효과를 누릴 수 있다는 것이 장점이다. 비트코인에 투자하고 싶은 기업이나 개인에게는 훌륭한 투자상품이다.

비트코인 투자상품의 자금이동은 디지털 금이라는 비트코인의 속성과 맞물려서 생각해볼 수 있다. 2003년 3월에 세계 최초의 금 ETF가 캐나다에서 출시됐고, 미국에서는 2004년 11월에 최초의 ETF인 'SPDR Gold Shares GLD'가 출시됐다. GLD는 출시 이후 3일 만에 약 10억 달러(한화 약 1조 1,000억 원)의 자금을 유입시켰고, 2021년에 이르러서는 약 550억 달러(한화 약 62조 원)가 넘는 초대형 ETF로 성장했다. 이후 GLD와 유사한 수많은 금 ETF가 출시되면서 미국에서만 해도 약 1,000억 달러(한화 약 113조 원)가 넘는 자금이 금에 투자되고 있다.

특히 금 ETF가 출시되고 나서 금의 가치는 급격하게 상승했는

금과 비트코인의 가격 변동 곡선

2003년 최초의 금 ETF 출시 시기에 현재 비트코인 가격 흐름을 대입해본다면 비트코인의 미래 성장성은 엄청난 수준이다.

데, 금 ETF 출시 이후 전 세계 금의 시가총액은 16년간 4배 이상 성장했다. 즉, ETF가 출시되면서 전 세계적으로 금도 비로소 투자자산으로서 가치를 인정받았다고 할 수 있다. 이것이 바로 디지털 자산시장에 뛰어든 투자자들이 비트코인 ETF에 주목하는 이유다. 과연 앞으로 비트코인 ETF가 미국 주식시장에 상장할 수 있을지, 만약 성공한다면 금 ETF와 비슷한 전철을 밟을 수 있을지 지켜보는 것도 투자 관점에서 흥미로울 것이다.

빅테크 기업은
왜 디지털 자산시장에
뛰어들었을까

● ● ●

2020년 하반기부터 비트코인을 비롯한 디지털 자산의 가격이 점차 오르더니, 2021년 초부터는 무서울 정도로 급격한 상승과 하락을 반복하고 있다. 언론매체는 2017년의 열풍 때와 마찬가지로 비트코인 가격의 급등락에만 관심을 가지며 하루가 멀다 하고 자극적인 기사를 쏟아내고 있다. 언론을 비롯한 대중의 관심도 디지털 자산의 가격에만 집중돼 있으며 가격이 오를 때는 미래 자산으로 칭송하고 떨어질 때는 사기, 다단계로 치부하며 격렬한 논쟁이 일어난다.

2018년에 디지털 자산시장의 거품이 터지고 전 세계 투자시장이 급격하게 얼어붙으면서 수많은 디지털 자산, 블록체인 관련 기업들이 무너졌다. 제2의 인터넷이라고 부르짖으며 수많은 이가 시장에 뛰어들었지만, 길고 어두운 터널을 버티지 못하고 자의 반 타의 반으로 사업을 접었다. 하지만 모든 기술 산업의 흐름이 그러하듯이, 경쟁자가 사라진 거대 시장에서 살아남은 기업들이 결국 그 모든 시장을 독식하곤 한다.

짧지 않은 암흑기를 뒤로하고, 디지털 시장에서 살아남은 소수의 기업들이 다시 기지개를 켤 준비를 하고 있다. 놀랍게도 그 중심에 카카오와 네이버가 있다. 카카오는 2018년 3월 블록체인 자회사를 설립해 자체 블록체인 네트워크인 '클레이튼 Klaytn'을 출시하고 디지털 자산인 '클레이 Klay'를 발행했다. 네이버도 자회사인 일본 법인의 라인을 통해 블록체인 전문회사를 설립하고 2018년 10월에 '라인 블록체인'을 공개하며 자체 디지털 자산인 '링크 LINK'를 발행했다.

카카오 제국의 완성, 클레이튼

●

그라운드X는 카카오의 블록체인 사업을 전담하는 계열사다. 2018년 9월, 그라운드X는 자체 블록체인 생태계 구현을 위해 클레이튼을 메인넷 MainNet으로 출시했다. 독립적인 블록체인 네트워크를 메인넷이라고 하는데, 그라운드X는 클레이튼을 중심으로 블록체인 생태계를 빠르게 확장하는 중이다.

클레이튼은 초당 약 4,000건을 처리할 수 있는 빠른 속도를 기반으로 개발자들이 서비스를 쉽게 개발할 수 있도록 API Application Programming Interface (프로그래밍 인터페이스)를 제공하는 등 개발 친화적인 설계를 강점으로 갖고 있다. 2021년 상반기를 기준으로 70개가 넘는 디앱들이 클레이튼을 통해 개발됐고 디파이, NFT 등에 활용되면서 거래량이 점차 증가하고 있다.

메인넷을 개발한다는 것은 블록체인 기술을 보유함으로써 자신만의 독자적인 네트워크를 구축한다는 의미다. 메인넷은 블록체인 서비스를 출시할 때 굳이 블록체인 네트워크까지 직접 개발할 필요 없이 디앱 등을 쉽고 빠르게 개발할 수 있도록 도와준다. 메인넷 운영사는 자신이 개발한 블록체인 네트워크 위에서 디앱 개발사가 독창적인 기능들을 구현하도록 개발을 지원한다. 블록체인 원천 개발사의 기술력, 자본력이 메인넷의 보유 여부로 증명되므로 블록체인 사업에 진출하는 기업들은 블록체인 플랫폼, 즉 메인넷 개발에 열을 올리게 된다.

클레이튼은 블록 생성시간이 1초로 다른 퍼블릭 블록체인에 비해 빠른 것이 장점이다. 클레이튼은 퍼블릭 블록체인 외에 프라이빗 블록체인 솔루션도 제공하고 있는데 이를 통해 기업이 손쉽게 블록체인 서비스를 도입할 수 있도록 지원하고 있다. 2020년 12월, 신한은행은 의사들을 위한 여신상품인 닥터론을 클레이튼 네트워크에서 구현했다. 닥터론은 의사 등 전문의를 위한 대출 상품으로, 기존에는 은행 지점에서 직접 대한병원의사협의회에 의사 등록 여부를 확인하도록 돼 있어서 검증 기간만 해도 약 3~5일가량 소요됐다. 하지만 클레이튼 기반의 의사 자격 검증 서비스를 통해 정회원의사 여부를 실시간으로 확인할 수 있게 됐다. 국내 게임사 위메이드의 블록체인 자회사 위메이드트리는 2021년 3월에 NFT 시장 진출을 선언했는데, 게

클레이튼은 대중화를 최우선 목표로 해 다양한 디앱 개발을 지원하고 있다.

임 아이템뿐만 아니라 디지털 예술품, 희귀 수집품 소유권 증명 등에 클레이튼을 활용할 계획이다.

카카오의 메인넷 클레이튼은 자체 디지털 자산인 클레이를 100억 개 발행할 수 있게 설계됐다. 클레이의 발행량은 인플레이션을 고려해 매년 3%씩 증가하는데, 블록이 생성될 때마다 9.6개씩 추가로 발행되고 있다. 2021년 5월을 기준으로 클레이의 유통량은 약 24억 6,000만 개 정도로 25% 정도가 이미 유통된 상태다. 클레이는 2020년 5월 120원 정도의 가격으로 국내 거래소에 최초로 상장했으며 2021년 초에는 5,000원까지 급등했다가 1,000원 수준에서 횡보하고 있다. 해외 최대 거래소 바이낸스를 비롯하여 국내 빗썸, 코인원, 코빗 등에 상장되어 활발히 거래되고 있다.

클레이는 클레이튼 위에서 네트워크의 안정성, 무결성 등을 유지하는 매개체 역할을 한다. 클레이튼은 퍼블릭 블록체인 기반으로 누구나 자유롭게 이용할 수 있는데, 블록체인의 대중화를 목표로 다양한 이용자들이 참여하도록 해 기술 가치 검증과 자체 서비스 구현을 지원한다.

그라운드X는 클레이튼의 기술, 사업 등에 대한 주요 의사결정과 합의 노드의 관리를 위해 '클레이튼 거버넌스 카운슬Governance Council, GC'을 운영하고 있다. 클레이튼은 GC 운영을 통해 신뢰성과 사업의 확장을 동시에 추구한다. LG전자, GS홈쇼핑, 셀트리온, SK네트웍스, 아모레퍼시픽 등의 대기업을 비롯해 카카오페이, 카카오페이지, 카카오IX 등 카카오 계열사들이 이 GC에 함께 참여하고 있다. 30여 개에 달하는 GC 참여 기업들은 클레이튼 플랫폼 운영과 함께 활용 서비스 개발, 기존 자사 사업에 블록체인 기술 접목 등을 추진하고 있다.

카카오가 블록체인 사업을 통해 달성하고자 하는 바는 크게 두 가지다. 첫째는 카카오와 별개의 신사업을 발굴하고 새로운 서비스를 확장하는 것이다. 블록체인 서비스의 핵심은 메인넷인데, 메인넷은 스마트폰의 iOS, 안드로이드처럼 운영체제 역할을 하는 플랫폼이다. 카카오는 그라운드X를 통해 클레이튼이라는 독자적인 메인넷을 선보였다. 이 클레이튼 메인넷으로 다양한 블록체인 서비스를 개발할 수 있도록 지원한다. 디앱이 플랫폼을 리드하고, 이를 통해 플랫폼이 발전해 다시 디앱 개발을 유도하는 선순환 생태계를 구축하고자 한다. 이를 통해 카카오는 기존 사업군과 다른 블록체인 기술을 활용한 디앱을 비롯해서 디파이, NFT, CBDC 등의 신사업 분야에 진출 클레이튼 거버넌스 카운슬에 포함된 기업들. 글로벌 유수의 기업들로 구성돼 있으며, 클레이튼 네트워크 합의 노드 운영과 클레이튼 생태계의 활성화를 목적으로 운영된다.

할 기반을 만들고 있다. 실제로 클레이튼은 디앱 생태계를 적극적으로 리드하며 다양한 디앱의 탄생과 운영을 지원하고 있다.

클레이튼은 2020년 11월, 디파이 전용 플랫폼인 '클레이스왑 KLAYswap'을 출시했고 2021년 5월에는 NFT 마켓인 '크래프터 스페이스KrafterSpace'를 베타 버전으로 출시했다(1부의 'NFT 맛보기' 부분 참조). 2021년 7월에는 한국은행 CBDC 모의실험 연구 용역사업 우선 협상자로 선정돼 블록체인의 혁신에 다시 한번 도전하고 있다.

둘째는 블록체인 기술을 실생활에 접목해 카카오와 연계하는 것이다. 그라운드X는 2020년 6월 카카오톡 내에 디지털 자산 전용 지갑 서비스인 '클립Klip'을 선보였다. 간편하게 디지털 자산을 보관하고 연결할 수 있는 모바일 고객 접점을 만든 것이다. 이밖에도 다양한 파트너사에 클레이튼 네트워크를 제공해 블록체인을 기반으로 카카오와 연계할 수 있는 사업을 지속해서 발굴하고 있다. 카카오그룹은 카카오페이, 카카오뱅크, 카카오페이지, 카카오게임즈, 멜론, 카카오TV 등 방대한 온라인 사업을 펼치고 있는데, 계열사만 해도 100여 개가 넘는다. 클레이튼은 이러한 사업들과 연계를 더욱더 공고히 할 수 있는 블록체인 플랫폼 역할을 한다. 카카오는 클레이튼이라는 블록체인 네트워크를 통해 카카오그룹 내 다양한 사업군의 연결성을 강화하고 커다란 생태계를 만들 계획이다.

클레이튼은 '한국의 이더리움'으로 불리기도 하는데, 클레이튼이 지향하는 바도 이더리움과 크게 다르지 않다. 빠른 속도와 다양한 기능, 확장성을 보유하고 자신만의 생태계를 구축하고자 한다. 다만 클레이튼은 이더리움에 비해 탈중앙화를 약화하는 대신에 실용성을 강조한다. 그라운드X는 클레이튼 네트워크의 활발한 이용을 위해 파트너사들의 거래수수료를 전액 대납해서 무료로 쓸 수 있게끔 지원하고 있다. 초창기 참여 고객들에게 자신의 서비스를 무료로 제공해 자사의 플랫폼으로 록인해버리는 이런 플랫폼 전략은 카카오톡의 초기 전략과 유사성이 있다.

카카오는 다양한 블록체인 서비스가 개발 및 출시될 수 있도록 파트너사들에게 개발을 지원하는 것 외에도 카카오톡을 비롯해 페이, 웹툰, 쇼핑, 모빌리티 등 다양한 카카오 계열사와도 연결 범위를 확대하고 있다. 카카오가 추구하는 '연결의 세계화'에 클레이튼이 어떤 역할을 하게 될지 앞으로 관심 있게 지켜보자.

글로벌 플랫폼의 정점, 라인 링크

네이버는 2018년 이후로 다양한 블록체인 관련 기업들을 설립해 디지털 자산시장에 진출하고 있다. 라인은 언블락Unblock과 언체인 Unchain이라는 비슷한 듯 다른 2개의 자회사를 통해 블록체인 기술 및 분야와 디지털 자산 사업에 진출하고 있다. 2018년 4월에 설립된 언블락은 라인의 블록체인 자회사로서 디지털 자산 리서치, 블록체인 기업에 대한 투자 및 육성을 비롯해 디지털 자산을 보상으로 자체 생태계를 운영하는 토큰 이코노미 설계까지 다양한 사업을 펼치고 있다. 언블락은 글로벌 메신저 라인에 접목할 블록체인, 디지털 자산 기술을 개발하는 것이 목적이다.

2018년 6월에 설립된 언체인은 라인과 국내 블록체인 스타트업인 아이콘 루프ICONLOOP가 공동 출자해 설립한 조인트 벤처기업이다. 자체 디지털 자산인 링크를 기반으로 다양한 디앱 플랫폼을 구축하고 이를 통해 혁신적인 서비스를 개발하는 것이 목적이다.

링크는 네이버, 라인의 디지털 자산 생태계에 있어서 핵심적인 역할을 하는 디지털 자산이다. 링크는 네이버의 자회사인 라인이 독자적으로 자체 발행한 디지털 자산으로 2018년 10월 라인이 설립한 디지털 자산 거래소인 비트프론트Bitfront에 독점으로 상장했다. 2019년 7월에 설립된 비트박스는 라인과 그 자회사인 LVC Corporation이 공동 설립한 라인 테크 플러스Line Tech Plus에서 직접 운영하고 있다. 라인은 국가별 법률규제 충족을 위해 2개의 디지털 자산 거래소 플랫폼을 각각 따로 운영하고 있는데, 전 세계인을 대상으로 하는 비트프론트와 일본에 특화된 비트맥스Bitmax가 그것이다.

라인은 설립 이후로 해외 시장을 꾸준하게 공략했다. 동명의 소셜네트워크 메신저인 '라인'은 일본, 대만, 태국, 인도네시아 등에서

출처: 링크

링크는 차별화된 금융서비스 제공을 목적으로 하는 플랫폼 간의 연결에서 핵심적인 역할을 수행한다.

업계 선두를 달리고 있으며 라인의 모바일 송금서비스인 라인페이도 가입자 약 4,000만 명, 누적 거래액 약 4조 원을 넘어섰다. 2020년 9월 라인파이낸셜은 라인페이와 네이버페이, 위챗페이 등 한국, 중국, 일본의 3국 간편결제서비스를 연동할 계획을 밝혔는데, 링크가 세 플랫폼을 연계하는 역할을 하게 될 것이다.

글로벌 컨설팅회사인 KPMG의 조사에 따르면 라인이 '국민 메신저' 역할을 하는 동남아 지역은 금융서비스를 이용하고 싶어도 계좌가 없어서 이용하지 못하는 언뱅크드 인구가 약 73%에 달한다. 이는 금융 인프라가 부족해서인데, 라인은 해당 국가의 국민 메신저라는 장악력을 바탕으로 라인 블록체인과 링크를 통해 차별화된 금융서비스를 제공할 계획이다.

한편, 네이버의 자회사인 네이버파이낸셜도 블록체인 사업 진출에 속도를 내고 있다. 2021년 7월 네이버파이낸셜은 미국의 블록체인 개발사인 TBCA소프트에 약 2,000만 달러(한화 약 228억 원) 규모의 지분 투자를 한다고 발표했다. TBCA는 블록체인 기반 결제 네트워크인 '하이벡스HIVEX'와 국제 인증 솔루션인 'CCIS'를 운영하고 있다. 앞으로 라인과 네이버가 강세인 일본, 한국, 대만 시장을 타깃으로 삼고 동남아 시장 확대에 나설 계획이다.

출시 시기도 비슷하고 모회사의 사업영역도 유사한 네이버의 라인 블록체인과 카카오의 클레이튼은 같은 듯하면서도 다른 길을 걷고 있다. 라인 블록체인은 각기 다른 블록체인 네트워크 간에 데이터를 공유할 수 있는 인터체인Interchain을 준비해왔다. 인터체인은 서로 다른 메인넷이 상호 교류할 수 있는 블록체인을 의미하는데, 인터체인을 통해 다른 블록체인과의 연결성을 중요시하며 라인의 금융사업을 중심으로 생태계를 구축하고 있다. 한편, 클레이튼은 카카오 생태계와 연계하며 디파이, NFT, CBDC 등 또 다른 미래 시장을 발굴하고 있다. 이를 위해 클레이튼 거버넌스 카운슬이라는 정책협의체를 비롯해 오지스Ozys, 에이브 등의 다양한 블록체인 전문기업들과 협업하며 자신만의 생태계를 확장해나가고 있다. 한국은행의 CBDC 모의실험 연구 용역사업은 카카오의 그라운드X가 가져갔지만, 만약 CBDC가 상용화된다면 주도권 경쟁은 다시 한번 새로운 전쟁으로 격화될 것이다.

클레이튼과 라인 블록체인은 방향성 면에서도 비슷하면서도 다른 점을 보인다. 클레이튼은 퍼블릭 블록체인으로 운영되며 게임, 콘텐츠, SNS 등 약 70개에 달하는 디앱을 지원한다. 클레이튼의 전략은 다양한 서비스를 하나로 통합해서 시장을 장악하려는 카카오의 전략과 유사하다. 카카오는 카카오톡을 시작으로 뉴스, 쇼핑, 게임 등의 서비스를 확장하는 형태로 국내 메신저 시장을 장악했다. 클레이튼도 다양한 디앱 개발 지원을 통해 클레이튼 생태계로 사용자를 끌어들이고 있다. 디파이, NFT 등 보다 확장성 있는 서비스 지원을 통해 카카오와 차별화된 클레이튼만의 독자적인 플랫폼 생태계를 구축했다. 즉, 디지털 자산 업계에서 또 하나의 카카오 제국을 만들고 있는 것이다. 이처럼 클레이튼은 이더리움과 같은 다양한 디앱을 지원하는 플랫폼을 지향하는 반면에 라인 블록체인은 라인의 사업군에 링크를 활용하고자 한다.

라인 블록체인은 프라이빗 형태로 운영되고 있는데 아직 결과물은 비트박스, 파샤, 링크미 등의 3개 디앱에 불과하지만, 완성도 높은 서비스를 통해서 일종의 킬러 디앱 전선을 구축하는 것이 목표다. 라인은 일본, 대만, 태국 등을 석권한 글로벌 메신저라는 강점을 살려서 링크를 매개로 해 강력한 네트워크를 구축하려 한다. 라인 블록체인 네트워크를 유지 및 안정화하는 사용자의 기여도에 따라 보상의 성격으로 링크를 제공하고 이를 라인 메신저와 연동해 구매, 교환, 결제 등 다양한 서비스에 이용할 수 있게 했다. 결국, 클레이튼은 카카오와 '따로 또 같이' 전략을 구사하는 반면에 라인 블록체인은 '라인 메신저 중심'의 전략을 추진하고 있다. 즉, 클레이튼은 카카오와 다른 독창적인 사업을 추진하는 반면에 라인 블록체인과 링크는 라인 메신저를 기반으로 글로벌 확장 전략을 펼쳐나가고 있다. 카카오와 라인 모두 수천만 명의 고객을 확보한 빅테크 플랫폼이다 보니 블록체인과 디지털 자산을 고객과 어떻게 연결할지가 사업 성패의 열쇠가 될 것으로 보인다.

카카오의 클레이튼과 네이버의 라인 블록체인은 이밖에도 공통점이 있는데, 바로 각자 자회사를 통해 해외에서 디지털 자산을 발행하고 사업을 펼치고 있다는 점이다. 싱가포르, 일본 등은 한국보다 관련 법률제도가 명확하다. 디지털 자산 발행 자체를 죄악시하는 국내 정부의 기조와도 차이가 있다. 이제는 국내 금융당국도 신성장 동력 발굴과 일자리 창출이라는 국가적 대전제를 바탕으로 명확한 제도 신

네이버(라인)와 카카오 블록체인 사업현황

구분	네이버	카카오
사업주체	자회사 라인(일본 법인)	손자회사 그라운드X(일본 법인)
블록체인 플랫폼	라인 블록체인	클레이튼
플랫폼 유형	프라이빗 블록체인	퍼블릭 블록체인
디지털 자산	링크	클레이
거래소	비트프론트, 비트맥스 운영	업비트에 투자
연계사업	네이버페이, 라인게임즈, 라인망가, 네이버뮤직, 네이버TV 등	카카오페이, 카카오게임즈, 카카오페이지, 멜론, 카카오TV 등

설과 산업 육성정책을 통해 신기술 기반 사업의 활성화와 해외 혁신 기업의 국내 진출을 함께 장려해야 할 것이다.

좌절은 없다, 페이스북 디엠

●

2019년, 페이스북은 자체 디지털 자산인 '리브라Libra'의 발행계획을 발표했다. 페이스북의 창업자이자 CEO인 마크 저커버그는 비트코인에 대항하는 탈중앙화된 글로벌 결제 화폐를 선보이겠다는 야심 찬 계획을 바탕으로 리브라를 발표했다. 페이스북은 리브라 발표 이전부터 디지털 자산시장의 문을 계속 두드렸다. 2017년 12월에는 페이스북과 페이스북의 계열사인 왓츠앱의 부사장을 코인베이스 이사회의 멤버로 합류시켜 디지털 자산시장에 대한 이해도를 쌓았다. 페이스북 메신저는 결제 기능이 없는 만큼, 앞으로 디지털 자산을 활용한 결제 서비스를 내놓기 위한 복안이었다. 1년 뒤인 2018년 12월, 페이스북은 가치고정형 결제수단인 스테이블 코인의 개발을 시작하면서 영국의 블록체인 기업인 체인스페이스Chainspace를 인수해 해당 기술 인력을 흡수했다. 마침내 2019년 5월에 페이스북은 글로벌 단일 통화인 리브라를 발표해 공식화했고 같은 해 9월에는 스위스에 결제시스템 라이선스를 신청했다.

그러나 리브라 발행 발표 이후로 저커버그는 규제당국의 반대와 우려 때문에 무수히 많은 청문회에 불려 다니며 비판을 받았다. 페이스북그룹은 페이스북을 비롯해 왓츠앱, 인스타그램, 페이스북 메신저 등 월간 이용자 수만 해도 35억 명에 달하는 고객을 보유한 글로벌 빅테크 기업이다. 미국 정부는 만약 페이스북이 직접 화폐를 발행하게 되면 미국 달러에 영향을 미치는 것은 물론이고 달러의 기축통화로서의 지위도 흔들릴 것을 우려했다. 이후 미국 정부뿐만 아니라 G8 등 각국 정부의 규제 요구와 압박이 지속됐다.

결국, 리브라는 2020년 12월에 '디엠Diem'으로 이름을 바꾸며 기존의 노선을 변경해 새로운 디지털 자산의 출시를 계획 중이다. 디엠은 기존에 스위스 금융감독당국에 접수했던 지급결제 인허가 신청을 철회하고 미국 재무부의 인가 신청을 위해 본사를 스위스에서 미국으로 이전했다. 디엠의 발행은 미국에 위치한 실버게이트Silvergate 은행이 전담한다. 디엠 연합회는 디엠의 달러 준비금과 결제시스템을 모두 실버게이트 은행에 독점적으로 위임해 금융당국의 규제를 충족했다. 디엠 연합회는 디엠 연합사들의 권한을 대리해 디엠을 발행하고 관리 및 운영하는 비영리 재단이다.

대부분의 디지털 자산 발행은 비영리 재단을 설립해 운영하는 식으로 이뤄지는데, 이는 전 세계 사람들이 이용하는 것을 목표로 한다는 점에서 생기는 디지털 자산의 중립성 때문이다. 비트코인, 이더리움도 비영리 법인을 통해 발행 및 운영된다. 독립적 블록체인 네트워크인 메인넷 개발을 위해 모금된 자금은 영리 활동 없이 온전히 해당 디지털 자산의 이용 촉진, 확산 및 기능 개선에만 투여하고 어느 기업이나 단체에도 종속되지 않는 중립성을 가진다. 운영에 있어서도 공익성과 엄격한 자금 집행으로 정체성을 유지해 나간다. 디엠도 마찬가지로 비영리 재단 설립을 통해 어느 한쪽의 이익에 치우치지 않는 중립성 확보에 힘쓰고 있다.

디엠은 가치가 고정된 스테이블 코인이라는 점에서 리브라의 발행 목적과 동일하다. 디엠은 법정화폐인 달러를 추종해 가치변동성을 극도로 낮춤으로써 실제 화폐처럼 실생활에서 유용하게 쓰일 수 있다. 디엠은 예비금Reserve을 비축하는 방식으로 안정성과 가치를 유지하고자 한다. 예비금에는 현금, 국채, 유가증권 등 당장 현금화가 가능한 자산들이 포함돼 있다. 디엠은 발행 화폐 가치만큼 예비금을 보유해서 안정성을 유지한다.

페이스북의 디엠 개발 목적은 전 세계인이 안전하고 쉽게 사용할 수 있는 결제 플랫폼을 만드는 것이다. 페이스북의 월간 이용자는 전 세계에서 약 24억 명에 이르는데 이들에게 인터넷이나 모바일 기반의 금융서비스를 제공한다는 계획이다. 기존의 리브라가 달러, 유로, 엔화 등 세계 주요 통화를 묶어서 리브라만으로 전 세계 어디에서든 결제가 가능한 단일 통화를 지향했다면, 디엠은 국가별 화폐만 연동된다는 점에서 큰 차이가 있다. 예를 들어 디엠-달러USDD, 디엠-유로EURD, 디엠-엔화JPYD와 같이 국가별로 각기 다른 종류의 디엠 통화를 발행하는 것이다.

디엠의 주된 이용대상은 전 세계에서 약 17억 명에 달하는 은행 계좌를 보유하지 못한 금융 소외 계층(언뱅크드)이다. 이 17억 명 중에서 약 10억 명은 모바일 기기를 보유하고 있고 약 5억 명은 인터넷에 접속할 수 있다. 디엠은 '기존 금융기관인 은행과의 접근성은 떨어지지만, 모바일이나 인터넷에는 접근할 수 있는 금융 취약 계층에 침투하는 것'을 2차 목표로 삼고 있다. 디엠은 금융 접근성이나 경제적 지식이 부족한 사람들에게 기존 금융시스템에서 제공하는 고비용의 복잡한 상품 대신에 쉽고 안전한 금융서비스를 제공할 수 있다. 우리나라를 비롯한 주요 국가들의 금융 포용성은 세계 최고 수준이지만, 아프리카, 남아메리카, 동남아 등은 여전히 금융 취약 계층이 많다.

결국, 디엠의 목표는 매일 수십억 명이 사용하는 글로벌 화폐의 근간이 되는 것이다. 디엠만의 독자적인 블록체인 메인넷을 설계하고

디엠은 전 세계적으로 사용할 수 있는 간편한 형태의 화폐와 금융 인프라를 제공하기 위한 목적으로 개발 중이다. 복잡하고 많은 비용이 들었던 기존 금융서비스보다 상대적으로 저렴하게 금융서비스를 이용할 수 있도록 블록체인 기술을 접목했다.

오픈소스로 구현된 디엠 네트워크를 전 세계에 개방해 모든 사용자가 이용하는 플랫폼이 되고자 한다. 누구나 디엠 블록체인을 활용해 결제, 송금 등의 금융활동을 할 수 있고 개방된 플랫폼에서 디엠 블록체인의 성능 개선에 참여할 수 있다.

디엠은 확장성, 효율성, 보안성을 최우선 과제로 삼고 디엠 연합을 조직했다. 디엠 연합은 기존 리브라에 비해 사세가 축소됐지만, 페이스북을 비롯해 쇼피파이, 스포티파이, 우버 등 글로벌 25개 기업이 동참하고 있다. 초기에는 디엠 연합을 통해 프라이빗 블록체인으로 시작하지만, 점차 퍼블릭 블록체인으로 변화할 계획이다. 초기의 한정된 멤버로는 앞서 언급한 모든 과제를 수행할 수 없기 때문이다. 디엠 연

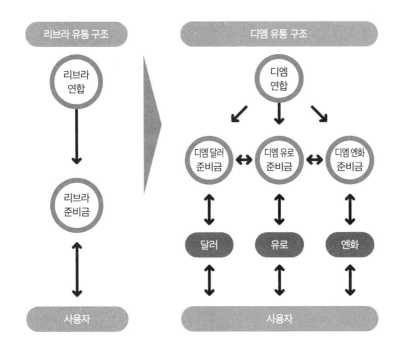

리브라와 디엠은 스테이블 코인이라는 공통점을 갖고 있으나 유통 구조에서 차이가 있다. 리브라가 전 세계 단일 통화를 지원할 목적으로 유통 구조가 일원화돼 있다면, 디엠은 각국 화폐의 연동을 기반으로 하고 있어서 준비금과 유통과정이 다원화돼 있다.

합은 2021년 연내 정식 론칭 이후 5년 이내에 퍼블릭 블록체인으로 전환하는 것을 목표로 세웠다. 페이스북의 발표에 따르면 2021년 7월을 기준으로 미국의 거의 대부분의 주에서 디엠을 저장하고 전송할 수 있는 디지털 지갑인 노비Novi를 승인받은 단계에 이르렀다고 한다.

앞으로 디엠의 신념 아래에서 전 세계의 모든 사용자, 개발자, 사업연계자가 디엠의 블록체인 안정성과 활용성에 대해서 고민하게 될 것이다. 페이스북은 지난 십 수년간의 압축된 성공 경험을 가지고 자사의 메신저를 통해 전 세계의 모든 이를 연결하고 정보 공유를 이뤄낸 실력을 바탕으로 디엠에 자신의 성공 경험을 녹여낼 것이다.

디지털 자산,
현실과 만나다

• • •

2021년 6월, 미국 플로리다주 마이애미에서 세계 최대 규모의 비트코인 행사인 '비트코인 2021 콘퍼런스'가 개최됐다. 행사 마지막 날 남미의 소국 엘살바도르의 나이브 부켈레Nayib Bukele 대통령은 화상 연설을 통해 비트코인을 엘살바도르의 법정통화로 하는 법안을 국회에 제출할 계획이라고 밝혔다. 그로부터 채 일주일도 지나지 않아 엘살바도르 의회는 비트코인을 법정화폐로 승인하는 법안을 통과시켰다. 이로 인해 엘살바도르는 세계 최초로 비트코인을 화폐로 사용하는 국가가 됐다.

엘살바도르는 국민의 약 70%가 은행 계좌를 갖고 있지 않다. 국민의 약 4분의 1이 미국 등 해외에서 보내주는 자금에 의존하고 있는데, 한 해 송금액만 해도 약 60억 달러(한화 약 6조 7,000억 원)에 달한다. 앞으로 엘살바도르는 비트코인을 활용해 디지털 금융 인프라를 구축할 예정이다. 이후 엘살바도르의 뒤를 이어 파라과이, 파나마 등이 비트코인 법정화폐에 관심을 보이는 것으로 알려졌다. 실제로 베네수엘라, 터키 등 금융 인프라가 낙후된 국가들은 비트코인을 자국의 화폐보다 더 신뢰하며 이용하고 있다.

비단 금융 후진국이 아니더라도 비트코인을 비롯한 디지털 자산은 이미 국가 경제에 점차 침투하고 있다. 글로벌 기업들이 이 현상을 주도하고 있는데 테슬라, 스퀘어, 넥슨, 마이크로스트레티지 등의 기업은 이미 비트코인을 가치저장 수단으로 자사의 자산에 편입시켰다. 비자, 페이팔, 벤모 등의 결제 사업자들 역시 디지털 자산을 결제수단으로 활용하기 시작했다. 디파이는 탈중앙화 금융으로, 누구나 낮은 비용으로 참여할 수 있도록 금융서비스를 혁신하고 있다. STO는 그동안 유동화되지 못했던 자산을 유동화하고 있으며 NFT는 새로운 가치를 가진 자산을 발굴하고 있다. 예전의 디지털 자산은 이상만을 좇으며 현실과는 동떨어져 있다는 비판을 많이 받아왔다. 하지만 디지털 경제로의 진입 가속화와 세대 인식의 변화로 우리 실생활 속에 디지털 자산이 급속하게 자리 잡고 있다.

현실과 디지털 자산을 연결하다, 페이팔

●

페이팔은 온라인으로 송금, 구매, 판매, 기부 등을 할 수 있는 세계 최대 규모의 결제 플랫폼이다. 2021년 5월을 기준으로 페이팔은 전 세계 200여 개국에 진출해 있고 미국 상위 20대 은행을 제외하고 가장 많은 자금을 보유 중이다. 시가총액도 약 2,800억 달러(한화 약 321조 원)로 뱅크오브아메리카, 마스터카드 등과 어깨를 나란히 한다. 페이팔은 2020년 말을 기준으로 미국 내 온라인 간편결제시장에서 약 54.48%의 비율을 차지하고 있다.

2021년 5월, 페이팔은 디지털 자산 매매서비스를 출시했다. 이를 위해 출시 1년 전부터 블록체인 전문가를 채용하고 디지털 자산 기술의 연구·개발 과정을 거쳤다. 페이팔은 그동안 코인베이스 등의 디지털 자산 거래소와 연계해 자금 입출금 서비스를 제공해왔지만, 전 세계에 있는 약 3억 9,000만 명이 넘는 고객을 대상으로 직접 디지털 자산 결제서비스를 제공한 것은 처음이었다.

고객은 페이팔 플랫폼 안에서 제휴 디지털 자산 중개업체인 팍소스Paxos를 통해 비트코인, 이더리움, 라이트코인, 비트코인캐시 등 총 4종의 디지털 자산을 사고팔 수 있다. 그러나 구매한 디지털 자산을 플랫폼 밖의 다른 지갑 주소로 전송할 수는 없다. 페이팔 이용자는 자신의 디지털 자산 계정 주소나 프라이빗 키를 소유하지 않는다. 일반적인 디지털 자산 거래소와 마찬가지로 페이팔은 자사의 플랫폼 안에서만 디지털 자산을 매매한다. 디지털 자산의 매입, 매도를 비트코인, 이더리움 등의 네트워크에 전부 기록하지 않고 자체 플랫폼에만 기록하고 처리해 자금 흐름을 단순화하고 결제 본연의 업무를 빠르게 처리한다.

페이팔은 이를 위해 팍소스와 전략적인 제휴를 체결했다. 페이팔의 디지털 자산 연계 비즈니스 모델은 디지털 자산 매매를 위한 서비스가 아니라 결제를 위해 설계됐다. 탈중앙화된 디지털 자산을 결제 플랫폼인 페이팔로 중앙화해 실제 생활에서 활용될 수 있도록 지원하는 것이 페이팔의 목표다.

또한, 페이팔은 디지털 자산 결제 지원서비스를 개시하며 미국 뉴욕시로부터 비트라이선스BitLicense를 취득했는데, 이는 뉴욕시에서 디지털 자산 사업을 하기 위해 필요한 일종의 허가증이다.

페이팔이 디지털 자산 결제 지원모델을 통해서 얻고자 하는 것은 무엇일까? 페이팔은 1998년 최초 설립 당시 '인터넷 상거래'라는 시장이 앞으로 급격히 커질 것으로 예측했다. 지금은 모든 인터넷 기반 서비스가 우리 생활에 깊숙하게 들어와 있어서 너무도 당연하게 느껴지지만, 당시만 해도 인터넷 서비스, 특히 인터넷 상거래 서비스는 그야말로 혁신적인 비즈니스 모델이었다. 페이팔은 인터넷이 막 등장하던 시기에 사람들이 인터넷을 이용해서 물건을 사고팔게 될 것이라고 예상한 것이다. 그때부터 페이팔은 인터넷상에서 돈을 주고받는 서비스를 개발하기 시작했다. 당시에도 널리 쓰이기 시작했던 이메일을 통한 송금 솔루션을 개발했는데, 이 예상은 적중했다.

페이팔이 디지털 자산 결제시장에 뛰어든 것도 마찬가지 이유에서다. 당시 태동하던 인터넷 시장에 대한 신규 사업기회 예측력과 성공경험을 바탕으로 디지털 자산시장에도 이를 그대로 적용하려는 것이다. 인터넷 상거래와 같이 디지털 자산 결제시장에서도 페이팔은 플랫폼 역할을 한다. 즉, 자사를 중심으로 결제서비스가 이뤄지는 새

간편결제서비스의 공룡 기업으로 불리는 페이팔은 팍소스와의 제휴를 통해 디지털 자산 사업에 요구되는 규제와 기술적 문제를 모두 해결하고 디지털 자산 결제서비스 시장에 진출했다.

로운 시장 질서를 만들고자 하는 것이다. 페이팔 플랫폼이 디지털 자산 결제의 허브 역할을 함으로써 전 세계 어디에서나 편리하게 통용될 수 있는 금융결제 인프라를 구축하는 것이 페이팔의 목표다.

페이팔이 민간 디지털 자산 결제 플랫폼으로 도약하면 이후 등장할 중앙은행의 디지털화폐인 CBDC까지 준비할 수 있게 된다. 주요 선진국을 중심으로 각국이 자국의 CBDC를 연구·개발 중인 상황에서 디지털 자산 결제 중개는 훌륭한 사전 준비작업이다. 페이팔의 CEO도 CBDC는 금융결제시장에서 또 다른 기회의 시작이라며 적극적으로 대응할 것을 표명했다.

이렇게 누적된 성공경험을 통해 페이팔은 단순 결제 플랫폼을 넘어서 글로벌 종합금융 플랫폼으로 도약할 것을 꿈꾼다. 기존의 신

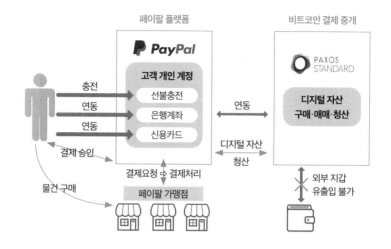

페이팔-비트코인 결제 모델. 페이팔이 디지털 자산 구매·매매·청산의 과정을 대행함으로써 고객들은 페이팔이라는 플랫폼을 통해 보다 쉽게 디지털 자산을 활용할 수 있게 됐다.

용카드, 선불계정, 은행 계좌는 물론이고 민간의 디지털 자산, CBDC 까지 시장에 현존하는 모든 결제수단이 페이팔을 중심으로 집결하게 되는 것이다.

　이처럼 페이팔은 디지털 자산시장을 또 다른 도약의 기회로 삼고 있다. 페이팔은 예전에 인터넷 상거래 시장에 혁신을 가져온 것처럼 디지털 자산시장에서도 이를 재현하고자 한다. 페이팔이 2013년에 인수한 모바일 간편송금 서비스인 벤모도 유사한 형태의 디지털 자산 결제 중개서비스를 내놓을 예정이다. 2021년 3월 페이팔은 디지털 자산관리보관 전문업체인 커브를 인수하고 블록체인 전문투자 회사인 블록체인캐피털에 비자와 함께 총 3억 달러(한화 약 3,411억 원)

규모의 펀드 투자를 했다. 페이팔은 블록체인과 디지털 자산을 활용해 다시 한번 혁신의 방아쇠를 당기고 있다.

페이팔은 디지털 자산 결제를 중개하며 취득한 수수료를 디지털 자산으로 수취할 예정인데, 이를 통해 자연스럽게 디지털 자산을 보유 및 투자할 수 있는 효과도 얻게 된다. 페이팔의 경쟁사인 스퀘어는 2018년부터 자사의 캐시 앱을 통해 비트코인 거래를 허용했다. 스퀘어는 비트코인 매출이 약 11배 증가한 덕에 2021년 1분기 매출이 전년도 대비 266% 정도 증가했다. 스퀘어는 비트코인에 직접 투자하기도 했는데, 2020년에 4,709개의 비트코인을 구매한 데 이어서 2021년 2월에는 3,318개를 추가로 매입해 총 1억 7,000만 달러(한화 약 1,888억 원) 규모의 비트코인을 보유하게 됐다. 이는 스퀘어 현금성 자산의 약 5% 수준으로, 앞으로 더 확대될 여지가 높다. 페이팔은 디지털 자산시장에 진출하고 자산을 편입하는 동시에 시장 선점을 위해 경쟁사들과의 격전을 준비하고 있다.

솔루션을 넘어서 플랫폼으로, 다날

●

1997년 7월에 설립된 다날은 휴대폰 결제, 벨소리 다운로드, 통화연결음 등을 선보이며 모바일 콘텐츠를 기반으로 성장해온 국내 대표 벤처기업이다. 2000년 7월 다날은 세계 최초로 휴대폰 결제 사업을 상용화했는데, 휴대폰 결제란 구매자가 유·무선 인터넷상에서 자신의 휴대폰 가입정보를 입력하고 결제하면 결제대금이 휴대폰 요금에 합산 청구되는 결제 방식이다. 휴대폰 번호와 주민등록번호, SMS 인 증번호 입력을 통해 편리하고 안전하게 결제할 수 있는 서비스다. 이 어서 2011년 3월에는 스마트폰 바코드 결제서비스를 출시해 오프라 인 매장에서 바코드 하나로 간편하고 안전하게 결제할 수 있는 서비 스를 제공 중이다. 이밖에도 스마트폰 SMS 결제, ARS 결제, 상품권 결제, 실시간 계좌이체, 휴대폰 본인확인 서비스 등을 제공한다.

2019년 5월, 다날은 암호화폐 '페이프로토콜PayProtocol'의 백서 를 발표했다. 페이프로토콜은 전통적인 결제서비스가 가진 구조적 한 계와 디지털 자산 솔루션이 극복해야 할 활용성에 대한 해결책을 찾 으려는 목적에서 출시됐다. 페이프로토콜은 현실 세계에 빠르게 적용 가능한 결제 솔루션을 제공하는 네트워크가 되고자 한다.

다날은 페이프로토콜을 통해 온·오프라인 가맹점에서 간편하게 사용할 수 있는 디지털 자산 결제서비스를 제공할 예정이다. 또한, 페 이코인Paycoin은 기존 결제시장의 높은 수수료, 느린 정산 주기 등의 문제점을 개선하고 디지털 자산의 실물 결제서비스 대중화에 기여하 고자 한다. 페이프로토콜 네트워크는 리눅스 재단에서 개발한 모듈 형 아키텍처 플랫폼인 하이퍼레저 패브릭Hyperledger Fabric을 기반으로 구현됐는데, 패브릭은 산업별 비즈니스 특성에 맞는 블록체인 기술을 적용할 수 있는 거래 데이터를 안전하게 관리해준다.

다날은 모바일, QR코드, 바코드, 상품권, 포인트 등을 결제수단 으로 활용하고 있는데 페이프로토콜은 모회사 다날과의 협업을 통해 국내외 약 16만 개에 달하는 오프라인 가맹점과 약 12만 개의 온라인 가맹점에서 다양한 디지털 자산의 결제가 가능하도록 할 계획이다. 페이프로토콜이 지향하는 바는 '다중화폐 결제개방Multi-Currency Payment Open'인데 비트코인, 이더리움, 스테이블 코인 등 디지털 자산의 결제 모듈을 개발해 현재 다날의 결제 솔루션에 적용하면 기술적으로 모든 결제 방식을 즉시 사용할 수 있다. 다날의 궁극적인 목표는 페이프로토콜을 통해 글로벌 결제시장에 진출하는 것이다. 즉, 디지털 자산과 연계한 결제 사업의 확대와 새로운 기능의 개발로 실생활에 빠르게 침투하는 것이 다날의 목표다. 다날은 페이프로토콜을 통해 전 세계에서 페이코인을 비롯한 다양한 디지털 자산이 자유롭게 순환될 수 있는 결제환경을 지원하려 한다. 해외에서는 페이팔이 디지털 자산 결제 플랫폼의 신호탄을 쏘아 올렸다면, 국내에서는 페이코인이 그 자리를 차지하고자 한다.

페이코인은 다날이 자체 발행한 디지털 자산이다. 페이프로토콜에서 디지털 자산의 유통은 페이프로토콜 네트워크, 지갑 제공자, 가맹점, 사용자 등의 4개 참여자로 구성돼 안전하고 안정적인 결제환경 보장을 위해 상호 작용한다. 페이코인은 페이프로토콜 네트워크에서 순환하는 디지털 자산이다. 페이프로토콜의 생태계를 실행하고 유지하는 네트워크 참여자들에게 보상을 제공하거나 거래 수단으로 이용된다. 페이코인은 초당 최대 3,000건까지 처리 가능한 빠른 속도와 1%의 낮은 수수료, 1일 이내의 빠른 정산 주기가 가장 큰 강점이다. 2021년 6월을 기준으로 페이코인의 국내 가맹점은 CU, 세븐일레

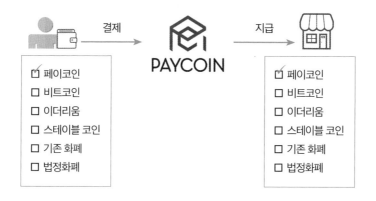

출처: 페이프로토콜 백서

페이프로토콜 백서를 통해 공개된 페이프로토콜 다중화폐 결제개방 모델. 고객은 페이프로토콜을 이용해 다양한 디지털 자산 간 교환 및 결제를 자유롭게 할 수 있다. 그리고 이는 디지털 자산 간 순환으로 이어진다.

븐, 이마트24, 미니스톱, 골프존, 교보문고, 달콤커피 등 대형 오프라인 가맹점과 SSG페이, BBQ, 도미노피자, CGV, 아이템 매니아 등 온라인 가맹점을 포함해 전국에서 약 7만여 개에 달한다.

다날과 같은 결제 사업자가 자체 블록체인 네트워크와 디지털 자산 발행을 통해서 얻고자 하는 것은 무엇일까? 스마트폰 결제는 사용이 간편하긴 하지만 이동통신 사업자에 종속돼 결제 수수료가 비싸고 정산 주기가 길다는 단점이 있다. 다날은 바로 이 문제점을 해결하기 위해 페이프로토콜과 페이코인을 출시했다.

현재의 지급결제서비스는 일반적으로 결제부터 정산까지 최소

출처: 페이프로토콜

페이코인은 기존 결제시스템의 한계를 극복하기 위해서 탄생했다. 블록체인 기술을 통해 빠르고 저렴한 결제 플랫폼을 제공해서 사용자와 판매자 간의 중간 단계를 줄이고 격차를 해소하는 것을 목적으로 한다.

8개의 중간 사업자와 13가지의 절차가 필요하다. 이동통신사, 간편결제사, 휴대폰 제조사 등 중간 단계가 증가할수록 추가 비용이 발생해 가맹점의 수익은 줄어들고 정산 주기는 길어지며 소비자의 지불 비용은 늘어나는 악순환 구조다. 매년 선거철만 다가오면 단골 공약으로 나오는 소상공인 수수료 인하 문제가 근본적으로 해결되지 못하는 이유다. 국내 결제 수수료는 신용카드 2~3%, 직불카드 2% 수준인데 특정 가맹점에서만 사용 가능한 선불카드는 수수료가 25%에 달하는 경우도 있다. 해외에서도 동남아, 남미 등 금융결제 인프라가 부족한 지역은 최대 50%까지 결제 수수료를 부담한다. 이렇게 중간 사업자가 많은 탓에 정산 주기도 덩달아서 길어진다. 휴대폰 결제의 경우 가맹점에 대금이 지급되는 것은 최소 3일에서 최대 90일 이후에나 이뤄진다. 결국, 이를 해결하는 방법은 복잡한 중간 결제단계를 최대한 단순화하는 것이다. 다날은 페이프로토콜 네트워크를 이용해서 소비자와 가맹점이라는 양끝단을 연결해 결제처리를 최대한 단순화했으며, 페이코인 결제수단을 활용해 안전하고 간편한 결제처리를 제공하고자 한다.

결국, 다날이 추구하는 방향성은 결제 주도권 확보다. 그간 다날은 통신사, 가맹점, 소비자에 둘러싸인 탓에 결제 주도권을 갖지 못한 채 중개 사업자에만 머물렀다. 이런 상황에서 다날은 페이프로토콜과 페이코인을 통해서 결제의 주도권을 확보하고 기존 결제 사업자와의 차별화에 도전하고자 한다. 그동안 PG Payment Gateway 사, VAN Value Added Network 사는 결제를 중개하는 단순 솔루션에 지나지 않았다. 다날의 페이프로토콜이 국내 결제 사업을 넘어서 해외에서도 통용되는 플랫폼이 될 수 있을지 관심 있게 지켜보자.

게임과 디지털 자산의 만남, 코빗타운

●

2005년에 설립돼 일본에 상장된 넥슨은 넥슨코리아를 자회사로 두고 있는 한국의 대표적인 게임회사다. 제주도에 설립된 NXC가 지주회사이며 일본 넥슨의 지분 61.77%를 소유하고 있고 일본 넥슨이 넥슨 코리아의 지분을 100% 보유하고 있다. 1996년 4월, 세계 최초의 그래픽 다중 접속 온라인게임MMORPG인 '바람의 나라'를 출시한 것을 시작으로 '카트라이더', '마비노기', '던전앤파이터' 등의 히트작을 출시하고 이를 중심으로 북미, 유럽 등 전 세계 190여 개국에서 약 90여 종의 게임을 서비스하고 있다. 넥슨은 2020년을 기준으로 한화 약 2조 1,500억 원의 매출을 올렸는데, 전체 매출의 70% 이상이 해외 시장에서 발생하는 글로벌 기업이다.

넥슨은 그동안 본업인 게임 외에도 디지털 자산 업계에 관심을 꾸준히 보여왔다. 2017년 9월 넥슨의 지주사인 NXC는 국내 최초 디지털 자산 거래소인 코빗Korbit의 지분 65.19%를 약 912억 원에 인수했다. 코빗은 2013년 4월에 설립된 디지털 자산 거래소로 소프트뱅크, 디지털커런시, 판테라 캐피털 등의 투자를 받으며 두각을 나타낸 기업이다. 넥슨은 이에 그치지 않고 이어서 2018년 10월에는 유럽의 디지털 자산 거래소인 비트스탬프Bitstamp를 인수했다. 비트스탬프는 2011년에 설립된 유럽 상위권 거래소로 영국, 룩셈부르크, 슬로베니아 등에서 기업을 운영 중이다. NXC의 투자 전문회사인 NXMH가 인수 주체가 됐으며 인수가는 무려 약 4억 달러(한화 약 4,378억 원)로, 지분의 80%를 확보했다. NXMH는 2021년 7월에는 비트스탬프에 2,000억 원을 추가로 투자했다.

2018년 말에는 NXC의 자회사인 미국 전문투자회사 NXC LCC를 통해 디지털 자산 거래소인 타고미Tagomi를 인수했다. 2019년에는 까다로운 뉴욕주의 비트라이선스 허가도 받아 기술력을 인정받았다. 2021년 1월, 넥슨은 국내 시장에 매물로 나온 대형 디지털 자산 거래소인 빗썸 인수를 추진하기도 했다.

넥슨이 디지털 자산을 활용해 그리는 자사의 미래 모습은 무엇일까? 넥슨이 디지털 자산에 많은 관심과 투자를 지속하는 이유는 창업자인 김정주 회장의 역할이 크다. 넥슨은 지속적인 디지털 자산 관련 사업 투자를 통해 본업인 게임 사업과의 결합을 구상하고 있다. 넥슨이 인수한 코빗은 2018년에는 268억 원이었던 영업이익이 1년 만에 37억 원까지 떨어지는 등 업비트, 빗썸, 코인원 등의 순위권 거래소와 비교하면 실적이 한참 뒤처지는 편이다. 이처럼 디지털 자산시장에서 고전을 면치 못하는 상황에서 넥슨이 얻으려는 것이 무엇인지는 최근의 행보를 통해 유추해볼 수 있다.

2021년 4월 코빗은 홈페이지를 전면적으로 개편하고 코빗 웹 2.0을 오픈했다. 이번 리뉴얼에서 주목할 점은 게임과 디지털 자산의 결합인 '코빗타운'이다. 코빗타운은 3D 세상에서 디지털 자산 거래에 필요한 모든 것을 구현했다. 서비스 이용자들은 자신의 아바타로 코빗타운 내에서 다른 이들과 채팅, 퀴즈 이벤트, 선물하기 등을 통해 소통할 수 있다. 가상현실에서 코빗 유튜브 콘텐츠를 볼 수도 있고 광장, 커피숍, 헬스장 등에 방문해 다른 아바타들과 소통할 수도 있다. 거대한 마을을 메타버스로 구현한 것이다.

코빗타운은 사전에 선정된 코빗 회원 700명을 대상으로 베타테스트를 실시했는데, 이는 게임회사에서만 시도해볼 수 있는 신선한 도전이자 넥슨의 디지털 자산에 대한 방향성을 엿볼 수 있는 프로젝트다. 다양한 사람들을 가상세계 안으로 불러들여서 디지털 자산을 바탕으로 정보 교류, 소통을 비롯해 NFT 매매, 거래까지 도입할 수

회원가입 후 아바타를 생성하면 코빗타운 내에서 현실 세계처럼 사회적·경제적 행위와 소통을 할 수 있다. 디지털 자산과 메타버스의 연계 사례다.

있는 환경을 구현했다. 이번 베타테스트는 디지털 자산 교육과 관련 경험을 위해서 만들어졌지만, 향후에는 게임에서 디지털 자산이 활용되는 그림도 그릴 수 있을 것이다. 코빗은 이후 2021년 5월에 NFT 마켓도 출시했다. 결국, 코빗은 단순한 거래소가 아니라 디지털 자산 플랫폼을 지향하는 것으로 볼 수 있다.

넥슨의 다음 목표는 게임과의 연계를 넘어서 디지털 자산 자체 사업의 확장이다. 이를 위해 디지털 자산과 이와 연관된 다양한 사업을 유망하게 지켜보고 이에 대한 투자를 끊임없이 하고 있다. 2019년 1월에 김정주 회장은 넥슨 매각을 추진한 바 있다. 인수가격 협상이 결렬돼 최종적으로는 좌절됐지만, 넥슨 매각은 그 자체로도 파격적인 뉴스였다. 하지만 당시 디지털 자산을 비롯한 블록체인회사는 매각 리스트에 포함하지 않았다는 점에 주목할 필요가 있다.

2021년 4월 넥슨 일본법인은 약 1억 달러(한화 약 1,130억 원) 규모의 비트코인 매수를 발표했다. 매수액은 넥슨 전체 현금성 자산의 2% 미만으로 이번 비트코인의 매수는 주주가치 제고와 현금성 자산의 가치 유지를 위한 전략이라고 밝혔다. 넥슨 일본법인은 비트코인은 이미 85%가 발행돼 희소성이 크고 다른 현금성 자산에 비해 가치가 월등히 높다고 판단했다. 넥슨의 비트코인 매수 이후 비트코인의 가격은 50% 가까이 하락했지만, 넥슨은 이를 매각하지 않고 장기 보유할 것이라고 밝혔다.

넥슨의 디지털 자산시장에 대한 최종 목표를 현시점에서 정확하게 예측할 수는 없다. 하지만 그간의 행보를 살펴보면 넥슨이 가진 디지털 자산에 대한 명확한 비전과 확신을 확인할 수 있다. 넥슨은 게임 산업 안에서 디지털 자산의 역할과 기능뿐만 아니라 디지털 자산 자체의 가치도 인정하고 있다. 앞으로 넥슨이 디지털 자산을 활용해 어떤 아이디어를 그리고 어떤 사업을 펼쳐나갈지 예측해보는 것은 새로운 게임 출시를 앞둔 것만큼이나 흥미진진한 일이 될 것이다. 넥슨은 지금 진지하다.

씨파이, 금융을 뒤흔들다

• • •

씨파이CeFi는 'Centralized Finance'의 약어로 디파이와 달리 중앙화된 금융시스템을 말한다. 중앙화된 금융시스템이라고 해서 전통적인 금융시스템을 뜻하는 것은 아니다. 씨파이는 디파이와 반대되는 개념으로 탈중앙화된 금융시스템을 재중앙화한 것으로 이해하면 된다. 디파이와 씨파이는 디지털 자산을 활용한 금융서비스라는 점은 동일하지만, 씨파이는 디파이를 기본으로 하되 법정화폐와 교환·연계돼 있는 금융서비스라는 점에서 차이가 있다. 대표적인 씨파이로는 디지털 자산 거래소, 커스터디, 장외거래OTC 기업 등을 예로 들 수 있다.

블록체인의 특성을 고스란히 가진 디파이는 별도의 중앙기관 없이 상호 간에 P2P 거래를 할 수 있고 모든 거래는 거래원장에 기록된다. 수급 측면에서 모든 자산은 매매라는 행위가 필요한데, 디파이에서 디지털 자산의 거래는 디지털 자산만으로 이뤄진다. 하지만 자산 매매를 위해 가장 쉬운 방법이자 유동성을 극대화할 방법은 달러나 원화 같은 법정화폐를 이용하는 것이다. 법정화폐를 이용하기 위해서는 디지털 자산의 거래시장을 만들어야 하는데, 이 경우 탈중화된 디지털 자산은 다시 중앙화된 기관으로 집결하게 된다.

씨파이는 법정화폐를 기반으로 전통 금융과 직접 연결된다는 점에서 디지털 자산시장에 파급력이 크다. 디파이가 디지털 자산만 모이는 시장이자 완벽하게 디지털화된 금융이라면 씨파이는 디지털 자산과 법정화폐가 동시에 모이는 시장이자 현실과 연계된 디지털 금융이라고 볼 수 있다. 디파이는 블록체인 네트워크의 기술 자체를 신뢰하는 것이고 씨파이는 블록체인 네트워크를 관리하는 주체에 대한 신뢰를 바탕으로 한다.

왜그 더 독, 디지털 자산 거래소

•

2021년 5월, 코인마켓캡의 집계에 따르면 전 세계 일일 디지털 자산 거래금액은 약 237조 4,000억 원에 달한다. 이 중에서 원화로 거래되는 국내 대표 거래소 14곳의 거래량은 약 16조 8,000억 원으로 전 세계 거래량의 약 7.1% 수준이다. 대형 거래소를 살펴보면, 업비트의 일평균 거래량이 약 11조 8,000억 원, 빗썸은 약 1조 5,000억 원 수준이다. 하루 평균 주식 거래대금의 규모가 약 38조 원인데, 디지털 자산의 평균 거래 규모는 약 16조 원이니 거의 절반에 육박하는 셈이

디지털 자산 거래금액 추이(국내 4대 거래소(빗썸, 업비트, 코빗, 코인원) 기준)

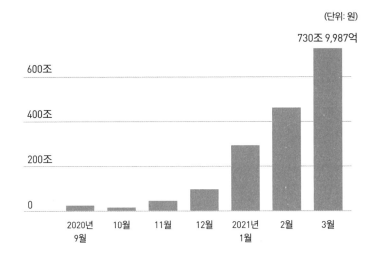

(단위: 원)

730조 9,987억

국내 4대 거래소를 기준으로 볼 때 2021년을 기점으로 해 폭발적으로 성장했다. 전통 자산의 거래금액보다 금액은 낮지만, 성장세 측면에서 압도적인 모습을 보이고 있다.

다. 거래가 몰리는 날에는 코스피나 코스닥 거래금액을 앞지르기도 한다. 실로 엄청난 규모로 성장했다.

　디지털 자산 거래를 위한 '실명확인 입출금 계좌서비스'는 금융 위원회가 2018년에 자금세탁방지를 위해 금융감독원, 시중은행들과 만든 서비스다. 2021년 4월을 기준으로 업비트, 빗썸, 코인원, 코빗 4 대 거래소에서 개설된 실명확인 계좌 수는 약 250만 개인데 2020년 말의 약 133만 개에 비하면 거의 2배 가까이 증가한 수치다. 실명확 인 계좌를 사용하지 않는 기타 거래소까지 합치면 그 숫자는 더욱더 늘어난다.

2020년 2월 기준 4대 거래소의 투자자 예탁금은 약 4조 6,000억 원으로, 2020년 말의 약 1조 7,500억 원보다 약 2.5배가량 증가했다. 투자자 예탁금은 디지털 자산을 매매하기 위해 충전해놓은 원화 자금으로 투자 대기 자금이라 할 수 있다. 거래금액도 급증하고 있는데 4대 거래소의 2020년 1분기 거래금액은 약 1,486조 원으로 2020년 연간 거래금액이었던 357조 원을 이미 훨씬 넘어섰다.

왜그 더 독 Wag The Dog은 개의 꼬리가 몸통을 흔든다는 의미다. 원래 몸통이 꼬리를 흔드는 것이 일반적이지만, 오히려 꼬리가 몸통을 흔드는 격을 뜻하는 말로 주객이 전도되는 현상을 가리킨다. 디지털 자산시장에서도 이러한 현상이 발생하고 있다. 대표적인 것이 디지털 자산 거래소다. 국내 1호 인터넷 전문은행인 케이뱅크의 디지털 자산 거래소 제휴는 '신의 한 수'라 일컬어진다. 2019년에 케이뱅크는 모기업인 KT에서 2016년경에 「독점규제 및 공정거래에 관한 법률」(이하 「공정거래법」)을 위반해 제재 및 벌금형을 받은 사실이 대주주 적격성 심사에 걸려서 자본금 증자를 하지 못했다. 이로 인해 케이뱅크는 출범 이후로 지속해서 자본금 부족에 시달렸다. 자본금을 늘리지 못하니 시스템 고도화가 늦어지고 공격적인 마케팅이 어려워지면서 업계 선두주자인 카카오뱅크와의 격차가 급격하게 벌어지는 악순환이 이어졌다.

그러다가 2020년 6월에 국내 거래량 1위의 디지털 자산 거래소인 업비트가 IBK기업은행과 실명계좌 입출금 계정서비스 제휴를 종료하면서 케이뱅크가 전격적으로 배턴을 이어받았다. IBK기업은행과 업비트의 계약종료 사유는 구체적으로 밝혀지지는 않았지만, 디지털 자산의 자금세탁을 우려해 내린 결정이라고 알려져 있다. 디지털 자산 거래소가 보유한 고객 수와 수수료 수익은 시중은행의 입장에서는 무척 탐나는 제휴 조건이지만, 금융당국의 부정적인 시선과 자금세탁 문제로 인해 다들 제휴를 주저하는 상황이었다. 이 상황에서 자본금 증자 문제와 함께 더딘 사업확장에 발목이 잡힌 케이뱅크가 과감하게 국내 1위 거래소 업비트와의 제휴를 결정한 것이다.

이후 2020년 하반기부터 디지털 자산의 거래량과 가격이 크게 상승하면서 케이뱅크의 신규고객과 예금 유치가 급격하게 증가했다. 케이뱅크의 분기별 수신 잔액을 보면 2분기 약 1조 8,500억 원에서 3분기 약 2조 6,800억 원, 4분기 약 3조 7,500억 원으로 꾸준하게 상승했다. 2021년에는 더욱 증가폭을 늘려가며 1월 약 4조 5,000억 원, 2월 약 6조 8,400억 원으로 1개월 만에 무려 52%나 증가했다. 누적 가입자 수도 2020년 9월 기준 약 169만 명에서 2021년 3월 기준 약 391만 명으로 2배 이상 늘었다. 케이뱅크는 2021년 1분기에만 무려 약 180만 개의 계좌를 신규로 유치했는데, 이러한 눈부신 실적에 힘입어서 숙원사업이었던 자본금 유치에 성공했다. 이번 투자금 유치는 당초 계획보다 2배 이상으로 증가한 것으로 베인캐피털, MBK파트너스, 새마을금고 중앙회 등에서 약 1조 2,000억 원을 유치했다. 케이뱅크는 이를 통해 2023년 기업공개라는 목표를 앞당길 수 있는 발판을 마련했다.

전통 금융 사업자인 인터넷 전문은행 케이뱅크가 업비트 덕분에 기사회생한 것은 수치로도 증명된다. 업비트 제휴 전과 후의 케이뱅크는 완전히 다른 은행이다. 케이뱅크는 이제 업비트와 제휴를 끊으려 해도 끊을 수 없는 관계에 이르렀다. 업비트가 제휴를 끊거나 사업을 종료하면 케이뱅크는 존폐를 걱정해야 할지도 모를 일이다. 바야흐로 꼬리가 몸통을 흔들고 있다.

이제 은행도 나선다, 커스터디

●

디지털 자산시장이 폭발적으로 성장하면서 그에 따른 위험도 커졌다. 특히 디지털 자산 거래소에 예치된 금액이 커질수록 해킹, 피싱, 탈취 등의 위험이 점점 증가하고 있다. 극단적으로는 디지털 자산 거래소가 폐업하면 개인 소유의 디지털 자산은 복구할 수 없다는 문제점도 있다. 구매한 디지털 자산의 주인은 이용자이지만, 실제 소유자는 거래소이기 때문이다.

거래소는 이용자, 구매 내역, 수량 등의 모든 정보를 가지고 있다. 실제 블록체인 네트워크에 기록되는 데이터를 '온체인 데이터On-chain Data'라고 하는데, 거래소가 보관 및 관리하는 데이터는 온체인이 아니라 '오프체인 데이터Off-chain Data'다. 대부분의 디지털 자산은 원래 자체 네트워크에 모든 거래 내역을 기록하고 사용자에게 투명하게 공개한다. 이로 인해 기록을 위·변조하는 것이 불가해 블록체인 네트워크를 신뢰할 수 있다. 대신에 모든 거래 정보를 블록체인 네트워크에 기록하고 검증하는 절차를 거치므로 처리 속도가 느리고 개인정보에 관련된 문제가 생길 수 있다.

반면에 오프체인 데이터는 거래소와 같은 중앙화된 서버에 정보를 기록하므로 처리 속도가 빠르다. 그러나 정보가 투명하게 공개되지 않고 탈취 위험도 존재한다. 거래소의 오프체인 데이터는 독점적이고 폐쇄적으로 운영 및 관리되는 만큼 더욱 철저하고 세심한 보안과 관리가 필요하다.

거래소와 같은 중앙화된 기관에 자산을 맡기기 불안하다면, 블록체인 네트워크에 직접 자신의 자산을 기록할 수 있다. 이를 위해서는 지갑을 생성한 후에 지갑 주소와 프라이빗 키를 안전하게 보관하고 있어야 한다. 이 또한 보관 소홀, 외부 공격에 의한 탈취나 해킹 위협에 언제나 노출돼 있기 때문이다. 이를 방지하기 위해 필요한 서비스가 바로 커스터디^{Custody} 서비스다.

커스터디는 '금고'라는 의미를 가지고 있으며, 전통 금융업에서는 수탁업무를 의미한다. 수탁업무는 특정인의 자산을 위탁 관리하는 것을 말하는데, 맡기는 행위를 위탁이라고 하고 맡아주는 것을 수탁이라고 한다. 수탁서비스의 담당기관은 투자자의 대리인으로서 유가증권의 보관, 수취결제, 권리보전, 의결권 행사 등의 상임대리인 업무를 수행한다. 좁은 뜻에서는 금융기관이 고객의 금융자산을 대신 보관 및 관리해주는 것으로, 자산보관 외에도 자산의 매입·매도를 대리하기도 한다.

디지털 자산 커스터디 대상

구분	대상	이용목적
거래소	업비트, 빗썸, 코인원 등	보안인프라 비용 절감, 해킹 등의 위협에 사전 대응
발행사	그라운드X, 라인, 다날 등	발행자산 유치, 배분, 관리
기관투자자	그레이스케일, 미래에셋 등	자산보관, 거래중개, 투자대행
일반기업	테슬라, 넥슨, 스퀘어 등	자산보관, 투자대행
개인	전문투자자, 자산가	자산보관, 관리

대규모 자금을 운용하는 기관일수록 자산관리 리스크를 최소화하기 위해 수탁서비스를 이용한다. 투자자는 자산을 직접 관리할 필요 없이 안전한 외부기관에 이를 보관하고 해당 기관에 대리인 역할을 부여함으로써 외부로부터의 도난과 사고를 사전에 대비할 수 있다. 2020년 말을 기준으로 국내 은행의 수탁고는 약 500조 원 수준이며 그 외의 증권사, 보험사, 부동산신탁사 등 금융회사의 총 수탁고를 합치면 1,000조 원을 넘어선다.

해외 금융기관들도 디지털 자산 커스터디 사업에 일찌감치 관심을 가지고 활발히 진출해왔다. 운용자산만 약 7,778조 원에 달하는 세계 최대 자산운용사인 피델리티 Fidelity 는 2018년 3월 피델리티 디지털에셋이라는 자회사를 설립해 기관투자자를 위한 디지털 자산 커스터디 사업을 운영하고 있다. 미국의 대형 은행인 골드만삭스와 모건스탠리도 디지털 자산 커스터디 제공을 준비하고 있다. 2021년 6월 미국 텍사스주의 주 정부는 시중은행들이 직접 디지털 자산 커스터디 서비스를 제공할 수 있도록 허용했다. 은행의 전문성, 리스크 관리능력, 노하우 등이 기존 사업자에 비해 유리하다는 판단에서 내린 결정이었다.

국내 대표 금융기관인 시중은행들도 커스터디 사업에 뛰어들고 있다. 2021년 3월부터 적용되는 「특정 금융거래정보의 보고 및 이용 등에 관한 법률」(이하 「특정금융정보법」) 개정안에 따르면 디지털 자산 사업자는 반드시 사전에 금융위원회에 신고해야 하는 의무를 가진다. 대표적으로 디지털 자산 거래소, 커스터디, 지갑 개발사가 이에 해당한다. 은행이 직접 커스터디 업종을 추가로 신고할 수도 있지만, 정부 당국의 부정적인 기류로 인해 별도 자회사, 조인트 벤처 등 간접적인 형태로 시장에 진출하고 있다.

2020년 11월에 KB국민은행은 디지털 자산 전문운용사인 해시드Hashed, 블록체인 기술기업인 해치랩스Hachi labs와 함께 코다KOrea Digital Asset, KODA를 설립했다. 코다는 2021년 5월에 커스터디 서비스 정식 출시와 함께 국내 게임사 위메이드가 보유한 약 1,400억 원의 디지털 자산을 유치하는 데 성공했다. 2021년 1월에는 신한은행도 디지털 자산 거래소 코빗, 블록체인 기술기업 블로코Blocko, 블록체인 리서치 기업 페어스퀘어랩Fairsquarelab이 2020년 3월에 설립한 케이닥 Korea Digital Asset Custody, KDAC에 전략적으로 지분을 투자했다. 이후 신한은행은 글로벌 커스터디업체인 빗고Bitgo와 업무협약을 통해 글로벌 협력체제를 구축했다. NH농협은행은 블록체인 기술기업 헥슬란트와 함께 커스터디 전문회사 카르도Cardo를 설립하고 디지털 자산시장 진출을 공식화했고, 우리은행도 사업 진출을 저울질하고 있는 것으로 알려져 있다. SK증권도 디지털 자산 거래소 지닥Gdac을 운영 중인 블록체인 전문기업 피어테크Peertec와 함께 커스터디 사업 진출을 선언했다. 피어테크는 펀드, 채권 등 자산관리 전문금융사인 우리펀드서비스, 미래에셋펀드서비스와 협력해 디지털 자산에 특화된 매매, 예치, 커스터디, 청산을 비롯해 외부 감사를 위한 세무회계 서비스도 제공할 예정이다.

법인뿐만 아니라 개인도 커스터디 서비스를 이용할 수 있다. 현재 개인들은 대부분 거래소를 통해서 디지털 자산에 투자하고 있는데

출처: 카르도

카르도는 비트코인 수탁 등 법인 및 기관 투자자를 위한 디지털 자산 커스터디 서비스를 제공한다. 이를 위해 콜드월렛, ISMS 기반 정보관리 기능 등을 갖췄다.

중앙화된 거래소는 고객의 자산을 직접 통제할 수 있는 프라이빗 키를 보유하고 있어서 해킹, 자산 탈취 등의 위험에 잠재적으로 노출돼 있다. 결국 거래소의 위험성을 우려하는 개인이나 법인은 누구든지 커스터디 서비스의 고객이 될 수 있다. 거래소가 해킹 공격을 받거나 심지어 폐업에 이르더라도 고객의 자산을 안전하게 보관할 수 있기 때문이다. 다만, 프라이빗 키를 고객이 직접 보관해야 하고 출금 절차 등이 까다로워서 단기 보유나 잦은 매매에는 불편할 수 있다. 따라서 상대적으로 디지털 자산의 보유량이 적고 잦은 매매를 즐기는 개인투자자보다는 기업의 자산으로서 장기적으로 보유하려는 법인의 수요가 더 많다.

"디지털 자산을 화폐나 자산으로 인정할 수 없다"라는 국내 금융당국의 강경 모드에도 불구하고 가장 보수적이라 할 수 있는 전통 금융사, 특히 은행들이 앞다퉈 디지털 자산시장에 뛰어드는 이유는 무엇일까?

전통 금융사들은 디지털 자산시장이 폭발적으로 성장하는 현 상황에서 기존 법정화폐 중심의 금융서비스만 믿고 있다가는 미래에 금융 경쟁력을 잃어버릴 수도 있다는 위기감에 시장 진출을 서두르는 것으로 보인다. 디지털 자산이 점차 제도권으로 편입되는 것이 전 세계적인 트렌드인 만큼, 법정화폐 중심의 자산시장이 디지털 자산 쪽으로 확대 이전된다면 기존 은행의 입지는 더욱 줄어들 것이다. 또한, 개인은 물론이거니와 기업들도 자산보관, 투자의 개념으로 디지털 자산에 접근하다 보니 금융소비자의 니즈를 모른 척할 수도 없는 노릇이다. 커스터디 업무의 본질을 뜯어보면 전통 금융기관이 그동안 해왔던 수탁업무와 유사하다. 이는 은행이 가장 잘할 수 있는 업무 영역이다. 또한, 디지털 자산 커스터디는 단순 수탁을 넘어서 렌딩, 결제, 외환, 파생상품 등 금융서비스 확장으로 이어질 수 있다는 점도 매력 포인트로 꼽을 수 있다.

2021년 5월, 월스트리트에서 가장 영향력 있는 인물로 꼽히는 JP모건 회장 제이미 다이먼Jamie Dimon은 자신은 비트코인 지지자가 아니라면서도 고객이 원하기 때문에 비트코인 펀드 등의 디지털 자산 투자상품을 곧 출시할 것이라고 했다. 이는 국내외 은행들이 처한 현 상황을 가장 잘 대변하는 발언이다. 무려 1997년에 마이크로소프트의 창업자인 빌 게이츠의 "은행Bank은 사라지고 금융서비스Banking만 남을 것이다"라는 예견이 지금 은행이 처한 위기감을 대변하는 말로 느껴지는 것은 미국 금융계의 거물도 마찬가지인 듯하다.

차세대 화폐 주도권을 누가 선점할 것인가

●

국가 차원에서 CBDC 도입이 가속화되면서 민간기업의 CBDC 주도권을 잡기 위한 경쟁도 더욱더 치열해지고 있다. CBDC는 법정화폐인 만큼 은행과 같은 전통 금융기관은 물론이고 전자금융업자, IT 플랫폼 기업 등 결제, 송금과 연관된 모든 기업이 라이선스만 취득한다면 경쟁에 참여할 수 있다. 국가 간 디지털화폐 경쟁이 민간기업으로 전이되는 양상이다.

2014년 핀테크 공습이 시작된 이래로 금융시장에서 기존 금융기관과 신생 IT 기업의 공방이 계속되고 있다. 하지만 지금까지는 기존 금융기관의 승리라고 봐도 무방할 정도로 은행, 증권사, 보험사 등의 영향력이 여전히 막강하다. 모든 핀테크 서비스들이 그러하듯이 금융기관 없는 금융서비스는 꿈꾸기 어렵다. 토스나 카카오페이와 같은 핀테크 기업이 송금, 조회 서비스를 운영하기 위해서는 은행, 증권사와 같은 금융기관과의 제휴 및 시스템 연계가 필요하다. 법정화폐 기반의 핀테크 서비스를 운영하기 위해서는 금융당국으로부터 허가받은 금융 사업자의 데이터 제공과 인프라 연계가 필수로 수반돼야 하기 때문이다. 따라서 핀테크 기업은 반드시 금융기관과의 제휴, 협력을 통해서만 금융서비스를 제공할 수 있다.

핀테크 서비스의 침투와 이로 인한 선의의 경쟁 덕분에 전반적으로 금융업의 효율성과 편의성이 높아진 것은 사실이다. 토스나 카카오뱅크가 처음 나왔을 때만 하더라도 IT 기업에 돈을 맡기는 것 자체가 커다란 심리적 장애물로 작용했다. 하지만 현재는 밀레니얼 세대를 비롯해 50~60대의 장년층 세대도 디지털에 익숙해졌다. 핀테크 기업들과의 경쟁 덕분에 기존 은행 앱들도 사용자경험을 비롯한 고객 편의성이 대폭 향상됐다. 핀테크 기업은 기존 전통 금융기관이 미처 제공하지 못했던 틈새시장을 공략하거나 이용 편의성을 대폭 높인 금융서비스를 제공하고 있다. 기존 금융기관은 핀테크 기업들의 유려하고 친고객적인 서비스를 보고 경쟁 관계에서 이를 적극적으로 도입해 금융시스템의 효율성을 높이고 있다.

그러나 CBDC가 도입되면 금융기관과 핀테크 기업의 공생 관계도 막을 내리고 본격적인 전쟁 체제로 바뀔 가능성이 크다. CBDC로 인해 기존 금융기관과 신생 핀테크 기업은 금융당국과 한국은행의 하위기관으로 동일한 위치에 서게 될 것이고, 이렇게 되면 직접 경쟁이 불가피하기 때문이다.

2021년 6월, 한국은행은 CBDC 모의 시스템 구축을 준비하면서 가상환경에서 CBDC 제조, 발행, 유통, 환수, 폐기 등 디지털화폐 생애주기별 처리 업무를 수행할 업체를 구하는 입찰공고를 냈다. 2021년 말까지 파일럿 시스템 구축을 끝내고 2022년에 가상환경 테스트 및 상용화 일정을 조율할 예정이다. 민간기업 중에서 모의실험에 참여할 주관사를 선정했는데, 선정작업 전부터 카카오, 네이버, 시중은행의 장외전쟁이 시작됐다. 카카오는 클레이튼을 운영하는 블록체인 자회사인 그라운드X와 이더리움 인프라 개발사인 컨센시스와 협업해 입찰에 도전해서 사업을 수주했다. 네이버는 자회사들과 컨소시엄을 구성했는데, 자체 블록체인 플랫폼 라인 블록체인을 보유한 라인플러스와 네이버페이 간편결제서비스를 제공 중인 네이버파이낸셜이 뭉쳤지만 아쉽게 탈락했다. 시중은행의 대응 속도도 빨라졌다. 2021년 3월 신한은행은 LG CNS와 CBDC 플랫폼 시범 구축을 끝냈고 같은 해 4월에 하나은행은 포스텍 크립토 블록체인 연구센터와 CBDC 유통을 위한 시범 서비스 개발로 기술검증을 마쳤다.

CBDC의 도입은 기존 금융시스템에 큰 변화를 불러올 것으로

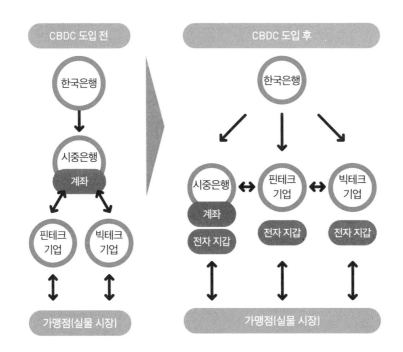

CBDC 도입 전에는 모든 금융서비스 업체가 금융기관과 연계해야만 사업을 할 수 있었다. 그러나 CBDC 도입 후에는 기존 금융기관과 신생 금융기관 모두 금융당국을 대표하는 한국은행의 하위기관이라는 동일한 위치에서 자사의 서비스를 제공하기 위해 경쟁을 벌이게 된다.

예상되는데, 그중에서도 시중은행의 경쟁력을 약화시킬 것으로 보인다. 그동안 은행은 금융서비스 중에서도 가장 기본적인 접근 수단인 '계좌'를 독점적으로 공급해왔는데, CBDC 도입 이후로는 CBDC를 담을 수 있는 '지갑'을 은행 외의 기업들도 직접 생성 및 활용할 수 있게 되면서 모든 비금융기관에서 계좌 제공이 가능해지기 때문이다. 즉, 은행의 마지막 경쟁력이었던 계좌가 모든 사업자에게 공개되면서 무한경쟁 시대가 도래하는 것이다. 그동안 시중은행이나 지방은행 등은 핀테크 공습에 다소 소극적으로 대응했지만 CBDC 등장 이후에는 이 또한 바뀔 것이다. IT 플랫폼 기업들에게 CBDC 주도권을 빼앗기는 것은 은행에 있어서는 너무나도 치명적인 일이기에 사활을 걸고 이를 수성할 수밖에 없기 때문이다. 이제 기업들에게 있어서 CBDC는 고객의 '선택'과 '외면'이라는 양자택일의 문제다.

3부

거스를 수 없는 흐름,
디지털 자산

디지털이 그리는 미래의 모습

· · ·

2020년에 갑자기 닥친 예상치 못했던 코로나19 팬데믹 사태는 우리를 앞이 보이지 않는 깜깜한 터널 속으로 밀어 넣었다. 예측과 통제가 불가능한 현실 앞에서 사람들은 두려움을 느꼈다. 코로나19는 우리 삶의 모든 부분을 송두리째 변화시켰다. 1990년대 이후로 미국을 중심으로 진행된 '디지털 경제'도 코로나19로 인해 더욱 가속화됐다. 디지털 경제란 디지털 데이터를 활용한 모든 경제활동이라고 할 수 있는데, 인공지능, 블록체인, 클라우드 등 디지털 기술을 기반으로 한 디지털 경제가 전 세계적으로 급속도로 확산되고 있다.

디지털 경제로의 가속화는 인류 사고의 깊이와 넓이를 확장시켰다. 흔히 언택트라고 일컫는 비대면 문화의 빠른 확산으로 가상현실Virtual Reality, VR과 증강현실Augmented Reality, AR을 융합한 혼합 현실Mixed Reality, MR이 발전했다. 이를 확장현실eXtended Reality, XR이라고 하며, 우리 삶에 빠른 속도로 정착하고 있다. '포트나이트'라는 게임에서 열린 미국의 유명 힙합 가수 트래비스 스콧의 가상 콘서트는 전 세계에서 무려 약 1,230만 명이 동시에 접속할 정도로 폭발적인 호응을 얻었다. 코로나19로 인해 오프라인 콘서트를 개최하기 어려워지자 대안으로 열렸던 콘서트가 그야말로 대박이 난 것이다. 과연 과거에 1,000만 명에 가까운 모든 서울 시민이 동시에 모이는 콘서트를 상상이나 해봤을까. 이로 인해 메타버스Metaverse라는 새로운 개념도 더욱더 주목받게 됐다. 메타버스는 '초월'을 뜻하는 메타Meta와 '현실 세계'를 뜻하는 유니버스Universe의 합성어로 '3차원 가상세계'를 의미한다.

메타버스가 가상세계를 대표하는 단어라면 우주산업은 현실이다. 물론 우주개발도 언젠가는 우리 앞에 올 미래지만, 그간 대중들의 인식과는 다소 동떨어져 있었다. 하지만 2000년대 초반부터 스페이스X, 블루오리진Blue Origin, 버진갤럭틱Virgin Galatic 등 최고 수준의 IT 기술력을 보유한 민간기업들이 우주기술 개발에 속속 뛰어들면서 우주산업은 현재 가장 뜨거운 시장으로 변모하고 있다. 우주관광, 우주개발 등에 대한 기대감도 한층 높아졌다. 메타버스가 우리의 사고를 수평적으로 확대했다면 우주산업은 수직적으로 증폭한 것이다. 메타버스와 우주산업은 디지털 경제의 확장판이다. 디지털 자산은 디지털 경제의 가속을 위한 핏줄과도 같다. 디지털 경제의 핏줄로서 디지털 자산이 메타버스와 우주산업에서 할 수 있는 역할은 무엇일까?

AR/VR을 넘어서 메타버스의 세계로

●

2021년 3월, 일명 '초통령 게임'이라 불리는 로블록스Roblox가 미국 뉴욕증시 상장에 성공했다. 기업공개 첫날에만 주가가 54% 급등하며 시가총액이 단숨에 약 380억 달러(한화 약 43조 원)로 뛰어올랐다. 이는 전통의 글로벌 대표 게임사인 일렉트로닉아츠Electronic Arts의 시가총액을 뛰어넘는 수준이다. 로블록스는 2020년 한 해에만 일평균 접속자 수가 전년 대비 85% 정도 증가한 약 3,520만 명을 기록했는데, 이는 미국의 9세 이상, 12세 이하 어린이의 75% 이상이 최소 한 번은 로블록스를 플레이한 결과다. 월간 활성 이용자 수는 약 1억 5,000만 명으로 하루에만 약 4,000만 명의 이용자가 로블록스 플랫폼에 접속한다.

로블록스는 플레이어가 자신만의 캐릭터, 즉 아바타를 만든 후 3D 가상세계 속에서 다른 유저들과 상호 교류하는 게임이다. 아바타들은 이 가상세계에서 어드벤처, 역할놀이, 액션·슈팅 등의 전통적인 게임 분야에서부터 콘서트 관람, 테마파크 체험, 문화공연 등 현실 세계에서 사회·경제적으로 이뤄지는 거의 모든 행위를 할 수 있다. 로블록스가 주목받는 이유는 이처럼 게임을 넘어서 그 이상의 의미가 있기 때문인데, 그 배경에 메타버스가 있다.

메타버스는 현실 세계와 같은 사회·경제적 활동이 이뤄지는 3차원의 가상공간을 의미한다. 가상현실 기술을 활용해 메타버스에 접속한 게이머들이 다른 유저들과의 교류를 통해 간접 경험을 하는 것이

로블록스는 미국의 16세 미만 청소년의 55%가 가입했을 정도로 큰 시장을 갖고 있으며 메타버스의 대표주자로 꼽힌다. 이용자 규모와 메타버스의 가능성을 보여준다는 점에서 투자자들의 큰 관심을 받고 있다.

다. 로블록스는 플레이어가 직접 게임을 만들 수도 있고 다른 플레이어가 만든 게임을 이용할 수도 있는 일종의 플랫폼이다. 이용자이자 창작자가 되는 양방향 게임은 로블록스와 함께 마인크래프트, 포트나이트를 대표적인 예로 들 수 있다.

　로블록스가 이들과 다른 점은 로벅스Robux라는 자체 화폐를 발행해 메타버스 안에서 경제활동까지 할 수 있다는 점이다. 로블록스 유저는 로벅스로 각종 아이템이나 입장권을 구매할 수 있고 자신이 만든 캐릭터, 패션, 감정표현 등의 아이템을 판매해서 돈을 벌 수도 있다. 100로벅스는 약 1.2달러 정도인데, 로블록스 개발자는 100로벅스당 약 35센트의 수익을 배분받는다. 전 세계에 있는 약 125만 명

로벅스는 실물경제와 연동돼 현금을 지불하고 구입할 수 있고 게임 내에서 거래 등을 통해 획득할 수도 있다. 또한, 획득한 로벅스를 다시 실물 화폐로 전환해 수익을 창출할 수 있다.

의 크리에이터가 2020년에만 로벅스로 약 3억 3,000만 달러(한화 약 3,720억 원)의 수익을 벌어들였다.

　미국에 로블록스가 있다면 한국에는 제페토Zepeto가 있다. 아시아의 로블록스로 불리며 2018년 8월에 출시된 제페토는 네이버의 자회사인 네이버제트가 운영하는 메타버스 플랫폼으로 전 세계에 약 2억 명 이상의 이용자를 보유하고 있다. 이용자들은 제페토에서 안면인식 기술을 활용해 아바타를 생성하고 메타버스를 체험할 수 있다. 전 세계 165개국에 진출해 약 90%가 글로벌 이용자이고 80% 이상이 10대일 정도로 빠르고 감각적인 글로벌 플랫폼이다.

　제페토는 2020년 9월에 국내 유명 걸그룹인 블랙핑크와 미국의 댄스가수 셀레나 고메즈가 함께 출연한 뮤직비디오를 공개했는데, 약 1억 뷰 이상을 달성했다. 이를 볼 수 있는 제페토 월드에는 140만 명 이상의 유저가 방문했다. 방탄소년단BTS도 팬 미팅, 팬 사인회 등을 제페토에서 개최했다. 이처럼 제페토는 아티스트를 활용해 성공적인 플랫폼으로 성장하고 있다. 제페토의 인기는 자신만의 아바타를 생성해 아이돌 등의 타인과 소통할 수 있다는 점에 있다.

　이러한 인기 덕분에 구찌, 크리스찬 루부탱 등의 명품 패션 브랜드를 비롯해 푸마, DKNY, 마린세르 등이 발 빠르게 제페토에 들어와 시장을 선점하고 10대의 눈높이에 맞춘 마케팅을 펼치고 있다. 제페토는 2020년 4월에 출시한 '제페토 스튜디오'를 통해 이용자가 상·하의 옷, 신발, 양말 등의 패션에서부터 공간 설계, 영상, 음향 등의 아이템을 직접 제작하고 판매할 수 있도록 했는데 크리에이터 가입자 수만 해도 약 70만 명, 등록 아이템은 약 200만 개, 판매 아이템은 약 2,500만 개에 이른다. 로블록스의 로벅스와 마찬가지로 제페토 스튜

출처: 구찌

메타버스의 성장 가능성과 잠재가치를 알아본 각종 브랜드들이 제페토와의 협업을 통해 발 빠르게 시장을 선점하고 경쟁을 펼치고 있다. 구찌는 제페토에서 의상, 핸드백, 악세서리 등 60여 종의 제품을 출시하고 마케팅을 펼쳤다.

디오 내에서 사용할 수 있는 디지털화폐가 따로 있는데, 바로 '젬'과 '코인'이다.

이처럼 메타버스는 디지털 자산과 연계성이 크다. 로벅스나 젬은 아직 게임 플랫폼 안에서만 통용되는 화폐지만, 디지털 자산으로 진화한다면 타 플랫폼뿐만 아니라 현실 세계에서도 이용할 수 있는 화폐나 자산이 될 수 있다. 즉, 로블록스 플랫폼 안에서만 아이템 등을 구매할 수 있는 화폐의 역할을 넘어서 제페토, 마인크래프트 등의 플랫폼과 제휴해서 쓰일 수도 있다. 좀 더 나아가 현실 세계에서도 크리에이터가 만든 굿즈를 거래하거나 내가 좋아하는 아티스트의 NFT에 투자하는 화폐로도 사용할 수 있다. 디지털 세상에 너무나도 익숙한 Z세대는 디지털 자산의 매매, 거래, 이용에 대한 거부감이 전혀 없다. 이는 로벅스가 단순한 게임머니를 넘어서 디지털 자산으로 확대될 수 있는 중요한 포인트다.

앞으로 제페토는 블록체인 게임 플랫폼인 더샌드박스The Sandbox와 협업해 게임 아이템, 장비, 의상을 NFT로 활용할 계획이다. NFT를 매개로 일종의 '디지털 평행우주'를 구현하겠다는 목표인데, 이를 위해 서로 다른 세계관, 즉 제페토와 더샌드박스를 NFT로 연결해 상호 운용성을 높일 계획이다. 실제로 더샌드박스는 제페토 NFT 970개를 최초로 발행했으며 이는 더샌드박스가 발행한 디지털 자산인 샌드 토큰으로만 구매할 수 있다. 향후 더샌드박스가 제공하는 NFT 제작 도구인 '복스에딧VoxEdit'으로 만든 제페토 NFT를 활용해 전시, 게임 제작 등에 이용할 예정이다.

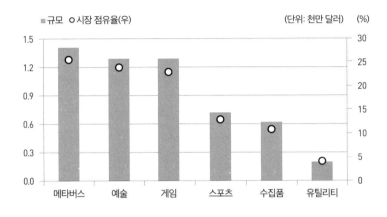

디지털 자산과의 연계성이 크고 각 기업이 속속 진출 중인 메타버스 분야, 창의성을 거래할 수 있는 예술 분야 등이 규모와 시장 점유율이 큰 것으로 나타났다. 앞으로 메타버스와 디지털 자산의 성장 가능성을 예측해볼 수 있다.

코로나19는 오프라인 공연 개최에도 큰 차질을 주었다. 2020년 말에 방탄소년단은 '다이너마이트'라는 신곡을 온라인 게임 포트나이트에서 발표했다. 이처럼 국내외의 수많은 아티스트들이 메타버스 공간 안에서 자신만의 창작 활동을 펼쳐가고 있다. 그리고 메타버스는 이를 통해 현실 세계의 사람들을 계속 불러모으고 있다.

메타버스 세상에서 특히 NFT는 중요한 역할을 한다. 메타버스에서 많은 사람이 활동하고 머무는 시간이 길어질수록 다양한 창작 활동들이 그 속에서 탄생하고, 소비자가 이를 기념하고 구매하고 싶다는 욕구도 더욱더 커지기 때문이다. 메타버스 플랫폼은 이 모든 것을 가능하게 한다. 아티스트가 자신의 창작물을 NFT로 만들 수도 있고 일반 이용자까지도 크리에이터로 나서서 자신의 캐릭터, 개발품 등을 NFT로 제작할 수 있다. 그리고 그렇게 탄생한 NFT는 메타버스 플랫폼을 벗어나 현실 세계에서도 거래될 수 있다. 메타버스와 현실 세계가 만나서 세상을 변화시키는 것처럼, 디지털 자산도 메타버스와 만나 메타버스 2.0으로 진화하는 데 중요한 역할을 하게 될 것이다.

우주산업과 디지털 자산

●

"우리는 항상 향후 2년 이내에 일어날 일은 과대평가하고
향후 10년간 일어날 일은 과소평가한다."
– 마이크로소프트 창업자 빌 게이츠

테슬라의 일론 머스크와 아마존의 제프 베이조스의 공통점은 무엇일까? 둘 다 전통 산업에 파괴적 혁신을 가져옴으로써 테슬라와 아마존이라는 세계 굴지의 기업을 키워낸 인물들이다. 또 다른 공통점은 둘 다 우주기술에 관심이 많고 강력한 확신과 추진력을 통해 우주산업을 키우고 있다는 점이다. 머스크는 스페이스X, 베이조스는 블루 오리진을 설립해 우주기술 기업을 운영하고 있다. 2020년에 모건스탠리는 발표 자료를 통해 전 세계의 우주산업 시장은 2040년까지 약 1조 달러(한화 약 1,120조 원) 규모로 성장하리라고 전망했다. 이미 세상에서

가장 성공한 기업가이자 급성장하는 기업을 이끄는 창업자들이 본 사업을 제쳐둘 정도로 새로운 기술과 우주산업에 몰두하는 이유는 무엇일까?

스페이스X는 2002년 설립 당시 화성에 지구인을 이주시키겠다는 다소 허황된 목표를 가지고 설립된 회사다. 스페이스X에 따르면 인류는 지금까지 최소 다섯 번 정도의 멸종 위기를 겪어왔으며, 앞으로 인류도 공룡 멸종과 같은 위기를 겪지 않으리라는 보장은 없다고 주장한다. 화성으로의 진출은 인류의 생존을 위해 선택이 아니라 필수라는 말이다. 스페이스X는 화성으로 가기 위해서는 반드시 비용 효율화가 이뤄져야 하며 로켓 발사 비용을 현재의 10분의 1 이하로 줄여야 한다고 생각했다. 그래서 로켓 재사용이라는 혁신적인 아이디어를 발표하고 2015년에는 로켓 1단 부스터를 역추진해 지상으로 착륙시키는 데 성공했다. 2010년을 기준으로 NASA에서 한 번 로켓을 발사할 때마다 발생하는 비용은 약 4억 달러(한화 약 4,510억 원)였지만, 스페이스X는 약 6,500만 달러(한화 약 732억 원)에서 약 9,000만 달러(한화 약 1,014억 원)로 4분의 1 이하로 절감하는 데 성공했다.

로켓 재사용 기술은 우주기술 비용을 절감하고, 이를 통해 우주산업이 비약적으로 성장할 것으로 예상된다. 현재 우주왕복선 궤도의 운송비용은 1kg당 약 2만 달러(한화 2,255만 원)에 육박하는데, 스페이스X는 이 비용을 약 500달러(한화 56만 원) 이하로 떨어뜨렸다. 즉, 운송비용을 40분의 1 이하로 획기적으로 떨어뜨려 우주 발사 비용을 90% 이상 절감하는 데 성공했다.

2021년 5월, 스페이스X는 신생 디지털 자산인 도지코인을 자사의 결제수단으로 허용한다고 발표했다. 곧이어 미국의 민간기업인 지오메트릭 에너지GEC가 2022년 1분기 '도지-1 달 탐사DOGE-1 mission to the Moon'라는 프로젝트의 관련 비용을 도지코인으로 결제하겠다고 나섰다. 모은 자금으로 내장 카메라와 센서, 통합통신 시스템, 컴퓨터 등을 로켓에 탑재해 우주로 쏘아 올린다는 계획이다. 이는 우주 현지는 아니지만, 우주산업에서도 디지털 자산이 통용될 수 있다는 것을 알린 중요한 사건이었다. 스페이스X는 2021년 9월 자사 우주선인 크루 드래곤Crew Dragon을 이용해 지구궤도 우주 관광을 시작했다. 수백억 원에 달하는 탑승 비용을 결제하는 방식으로 도지코인도 허용할 예정이다. 또한, 머스크는 2021년 7월에 디지털 자산 콘퍼런스인 더 B워드The B Word에서 스페이스X가 비트코인을 직접 구매 및 보유하고 있다고 밝혀 디지털 자산과 우주산업의 연계 가능성을 더욱 높였다.

2000년, 아마존의 CEO인 베이조스도 우주로켓 기업인 블루오리진을 설립했다. 블루오리진은 지상 600km 전후의 저궤도에 총 3,236개의 궤도 위성을 쏘아 올려 지구촌 어디에서나 빠르게 접속 가능한 인터넷 서비스를 제공하는 것이 목표다. 위성이 본궤도에 올라서면 세계 인구 거주 지역의 약 95%에 인터넷을 보급할 수 있다. 스페이스X와 마찬가지로 블루오리진 역시 로켓을 재사용하고 비용이 상대적으로 저렴한 소형위성을 고도가 낮은 곳으로 여러 개 쏘아 올릴 예정이다. 이것이 성공하면 앞으로 인터넷의 통신 지연이나 끊김 현상이 줄어들고 속도도 더욱 빨라진다. 또한, 전 세계에서 가장 넓은

커버리지를 통해 인터넷 소외 계층을 비약적으로 줄일 수 있다.

전 세계 어디에서나 인터넷 접속이 가능하다는 것은 누구나 아마존에 접속해서 물건을 구매할 수 있다는 뜻이기도 하다. 아마존은 이미 아마존페이, 아마존캐시, 아마존렌딩 등의 금융서비스도 속속 내놓고 있는데 아마존의 우주로켓이 성공한다면 아마존의 고객들은 굳이 은행에 가지 않고서도 인터넷만으로 모든 금융서비스에 접근할 수 있게 된다. 여기에 더해서 아마존은 저궤도 위성의 인터넷 인프라 확장으로 커머스 확장은 물론이고 저개발 국가의 낙후된 금융환경을 개선할 수도 있다.

2021년 2월에는 베이조스의 뒤를 이어 아마존의 새로운 CEO로 앤디 재시Andy Jassy가 선임됐다. 재시는 아마존을 등에 업고 아마존 웹서비스Amazon Web Services, AWS를 세계 최대의 클라우드 기업으로 성

아마존의 클라우드 서비스인 AWS는 기업의 디지털화를 돕는 클라우드라는 점에서 디지털 자산과의 연계 가능성을 충분히 갖추고 있다.

장시킨 장본인이다. 특히 재시는 아마존의 블록체인 부문을 담당하며 2017년부터 AWS에 블록체인 기술과 제품을 탑재하는 등 사업의 확장을 주도했다. 이후 아마존은 디지털 자산 전략과 제품 로드맵 개발 리더의 채용을 추진하며 본격적으로 연계 가능성을 높였다. 좀 더 나아간다면 디지털 자산이 아마존-AWS-블루오리진으로 이어지는 연결고리 역할을 할 것이라고 예상해볼 수도 있다. 아마존과 베이조스와 관련해서 디지털 자산이 계속 연관돼 회자되는 것은 단지 호사가들의 근거 없는 주장만은 아닐 것이다.

어린 시절에 공상과학 만화를 보며 '과연 저런 날이 올까?'라고 생각했던 날들이 점차 우리 눈앞에 현실로 다가오고 있다. 공상과학의 영역들이 점차 현실과학이 되고 있다. 우리가 우주로 가게 된다면 사용할 수 있는 화폐나 보관할 수 있는 자산은 무엇이 있을지 상상해보자. 화성에서 달러나 원화를 화폐로 쓸까? 투자 수단으로 금을 들고 가게 될까? 아무리 백번 양보해서 생각해봐도 그건 아닐 것이다. 우주에서 통용되는 화폐나 자산은 편의성으로 보나 휴대성으로 보나 디지털로 구현될 가능성이 크다. 화폐로서의 역할은 CBDC나 비트코인과 같은 디지털 자산이 될 것이며 투자 수단 역할은 디파이, STO, NFT 등이 될 것이다. 그렇다면 지금부터라도 자산의 낡은 개념은 점차 변화해야 하지 않을까?

새로운 세상에 합류할
준비가 됐는가

코로나19와 디지털 경제

2021년, 온라인으로 진행된 국제가전제품전시회 'CES 2021'의 핵심 키워드는 디지털 트랜스포메이션Digital Transformation, DT이었다. DT란 인공지능Artficial intelligence, 블록체인Blockchain, 클라우드Cloud, 데이터 Data 등 흔히 'ABCD'로 불리는 기술을 기반으로 자사의 상품, 서비스, 프로세스, 운영방식 등을 모두 혁신하는 것을 의미한다. 기업이 기존 방식과 전혀 다른 새로운 디지털 기반의 비즈니스 모델로 전환하는 과정이라 할 수 있다.

스타벅스는 오프라인 매장 중심의 커피 프랜차이즈였지만, DT에 사활을 걸어 디지털 경제 시대에 앞서나가는 선도기업의 표상이 됐다. 고객 데이터와 모바일에 기반한 보상, 개인화, 결제, 주문을 주요 전환 목표로 설정해 결제시스템 고도화, 로열티 프로그램 개발, 맞춤형 상품 개발 등 모바일과 데이터 기반의 디지털화를 가속화하고 있다. 즉, 보상에서 주문으로 이어지는 '디지털 플라이휠Digital Flywheel 전략(기업의 제품과 판매를 일정하게 유지 및 증가시키는 선순환 구조)'을 바탕으로 매장 기반의 커피 판매를 모바일 비즈니스 모델로 전환 및 확장해 나가고 있다.

나이키는 2010년에 우수 엔지니어 200명으로 구성된 디지털 스포츠팀을 신설하고 데이터와 모바일을 통해 운동에 집중한 상품과 서비스를 만들고 있다. 기존 나이키 제품과 디지털 기기가 결합해 고객에게 새로운 경험을 제공하거나 자체 앱을 통해 타인과 함께 운동 경험을 공유할 수 있는 가상환경을 구축했다.

디지털 경제의 필수조건, 데이터

디지털이 경쟁력인 시대에서 디지털화를 위한 필수조건은 데이터다. 인터넷 시대의 등장으로 온라인상에 흩어진 엄청난 양의 정보들이 저렴한 비용으로 대중들에게 제공됐다. 하지만 무분별한 정보의 범람과 오남용은 오히려 디지털 경제의 큰 걸림돌이 됐다. 거짓 정보의 생산과 유통은 더 나은 세계로 나아가기 위해서는 반드시 넘어서야 할 장애물이다.

이런 상황에서 2009년에 탄생한 블록체인 기술은 인터넷에 신뢰를 부여하고 새로운 가치를 전달한다는 점에서 '가치의 인터넷'이라고 불린다. 인터넷의 진가를 새롭게 정의했다는 차원에서 '인터넷 2.0'이라고도 부를 수 있다.

블록체인을 인터넷 그 자체에 비교한다면 인터넷의 데이터는 블록체인의 디지털 자산과 같다. 인터넷의 데이터는 익명의 누군가가 쉽게 생성할 수 있지만, 생산 주체의 진실성과 데이터의 진위 여부가 투명하지 않다는 문제가 존재한다. 블록체인의 디지털 자산은 명백한 주인의식과 거의 완벽에 가까운 위·변조 방지 기술을 제공해 이러한 문제점을 해결할 수 있다. 디지털 자산은 그 자체로 신뢰의 데이터이자 디지털 경제를 가장 효율적으로 움직이게 하는 윤활유와 같은 역할을 한다. 즉, 디지털 자산은 그 자체로 디지털 경제의 필수조건인 데이터가 돼 디지털 경제를 촉진하는 것이다.

우리나라 정부는 블록체인은 진흥하되 디지털 자산은 죄악시하는 정책 기조를 유지하고 있다. 하지만 이와 같은 이분법적 사고는 한 단계 높은 블록체인 산업으로 발전하는 데 도움이 되지 않는다.

블록체인이 사람의 뼈대와 같다면 디지털 자산은 피와 살이다. 아무리 건장한 체격을 가진 사람일지라도 피와 살이 없는 신체는 제 기능을 할 수 없다.

블록체인에 디지털 자산이 필요하냐, 필요하지 않느냐는 소모적인 논쟁보다는 디지털 자산을 우리 경제에 어떻게 효과적으로 도입해서 가장 효율적으로 쓸 수 있을지 대중의 아이디어와 지혜를 모아야한다.

크립토 이코노미가 온다

2018년의 일명 '암호화폐 시즌 1'의 주인공은 디지털화폐와 ICO였다. 2021년의 '디지털 자산 시즌 2'의 주인공은 디파이와 NFT다. 수백 년간 이어져 온 금융업에 탈중앙화 금융이라는 새로운 종류의 금융 서비스, 즉 디파이가 탄생했다. 지금까지 당연시해왔던 중앙은행, 금융 공기관을 비롯해 은행, 증권사, 보험사 등의 중앙기관을 배제하면서 역설적이게도 신뢰성은 보증된 새로운 금융시스템이 등장했다. 중앙은행의 무제한 돈풀기로 신뢰성과 공정성을 잃어버린 금융시장에서 프로그래밍된 금융시스템인 디파이는 훌륭한 대안투자이자 대체재가 될 수 있다.

또한, 디파이는 금융인프라와 접근성이 부족한 신흥국에는 척박한 금융시장의 단비와 같은 역할을 할 수 있다. NFT는 그간 잘 알려지지 않았던 창작물에 새로운 생명을 불어넣는 일을 하고 있다. 그동안 대중에게 소외된 창작물이나 쉽게 유동화되지 못한 자산들이 NFT를 통해 세상의 빛을 보고 있다. 실생활과 디지털의 만남을 가능하게 한 것이다. NFT 분야는 디지털 자산이 가장 잘할 수 있는 영역 중 하나다.

디지털화폐부터 STO, 디파이, NFT까지 디지털 자산은 점점 진화하고 있다. 이 모든 것이 디지털 경제를 넘어서 크립토 이코노미 Crypto Economy(디지털 자산 사용이 활성화된 경제 체제)를 가능하게 한다. 모든 것이 디지털화되고 디지털로 구동되는 경제사회에서 암호화된 디지털 자산들이 생성되고 보유되며 거래됨으로써 가장 효율적인 경제 체계를 만들어가는 크립토 생태계로 발전하고 있다. 디지털화폐에서부터 STO, 디파이, NFT에 이르기까지 거의 모든 디지털 자산을 이용한 탈중앙화된 인센티브 시스템과 신뢰 기반의 프로토콜로 움직이는 경제시스템이 작동하기 시작했다.

관점을 바꿔야 세상이 보인다

디지털 자산 비관론자들은 흔히 디지털 자산은 내재가치가 없다고 한다. 대표적으로 뉴욕시립대학교의 폴 크루그먼 Paul Krugman 교수는 "비트코인은 신규 투자자들의 돈으로 기존 투자자들의 배만 불리는 피라미드 사기다"라고 말한다. 극도로 부정적인 발언이지만, 자신이 구매한 자산의 가치를 남들보다 더 높게 평가해 선제적으로 구매했다는 측면에서는 맞는 말이다.

투자자는 내가 사는 가격이 가장 싼 가격이라고 믿고 그 자산을 산다. 또는 차후 누군가가 나보다 더 높은 가격으로 사줄 것이라 믿고 위험을 감수하며 자산을 구매한다. 부동산을 비롯해 주식, 채권 등 우리가 자산이라고 부르는 모든 종류가 그렇다. 비트코인은 탄생 이래로 장기적으로는 꾸준히 우상향했기 때문에 이론만 놓고 보면 그동안 손해 본 사람은 없어야 한다. 하지만 모든 자산은 직선으로 우상향할 수는 없으며 결국 곡선을 그리게 된다. 게다가 비트코인은 변동성이 커서 곡선의 굴곡이 다른 자산들에 비해 매우 큰 편이다. 투자자가 이를 버티지 못하면 손실을 보게 된다.

블록체인 분석업체인 체인어낼러시스 Chainanalysis 가 2020년에 비트코인 투자자들의 이익 실현 규모를 국가별로 추산한 결과, 국내 실현이익은 약 4억 달러(한화 약 4,400억 원)에 이르는 것으로 나타났다. 비트코인 투자에 뛰어든 한국인 중에서 숫자상으로는 잃은 사람이 더 많겠지만, 총합으로는 꽤 큰 규모다. 이처럼 디지털 자산은 명백하게 자산의 속성을 가지고 있다.

믿음의 원천은 확신이다. 아직도 디지털 자산에 대한 비관론자나 회의론자가 많다는 것은 반대로 생각해보면 이 책을 읽는 독자들은 선구자가 될 가능성이 크다는 의미이기도 하다. 필자가 비트코인과 블록체인을 처음 접한 것은 2015년이었다. 블록체인 기술과 금융업의 접목이라는 목표 아래 비트코인과 그 기반인 블록체인을 나름대로 분석해봤지만, 너무나도 생경하고 난해했다. 비트코인, 이더리움 백서를 읽어보고 지갑 생성, 전송, 내역관리 등 기술적 경험도 직접 해보면서 조금씩 이해할 수 있게 됐다. 이후 사토시 나카모토라는 사람의 천재적 아이디어에 감탄했고 블록체인과 디지털 자산의 매력에 점차 빠져들게 됐다.

디지털 자산을 기존 기술, 기업, 산업의 잣대로만 끼워 맞추고 평가하는 것은 너무 편협한 접근방법이다. 디지털 자산은 다양한 속성을 내포하고 있기 때문이다. 디지털 자산은 결제수단부터 인증, 보안, 보상, 자산 등 다양한 형태로 구현할 수 있다.

　2017년 당시 대중들은 디지털 자산을 화폐로 규정하고 새로운 디지털화폐에 대한 기대감으로 열광했지만 이내 화폐 역할을 제대로 하지 못할 것이라는 비판 때문에 그 관심이 빠르게 식었다. 하지만 이는 출발점부터 잘못됐다. 이제 2020년부터 비트코인을 '디지털 자산'으로 보는 관점의 변화가 생기면서 대중들에게 새로운 관심과 가능성에 대한 기대감을 일으키고 있다. 두 번째 열광을 불러일으키고 있다.

변화에 적응할 것인가, 외면할 것인가

전 세계적으로 디지털 자산 거래 확산과 생태계 확장이 급격하게 이뤄지면서 제도권으로의 편입도 속도를 내고 있다. 미국은 민간이 디지털 자산시장을 주도하면서 제도적 뒷받침을 만들어가고 있고 중국은 디지털 위안화 출시를 통해 국가 중심의 디지털 자산 확산정책을 펼치고 있다. 우리나라도 「특정금융정보법」 개정을 통해 차츰 디지털 자산 산업을 제도화하고 있다. 기업들도 이러한 제도적 변화에 발맞춰서 디지털 자산 활용에 속도를 내고 있다. 빅테크 기업들이 가장 선도적으로 디지털 자산을 보유하고 자사의 사업과 연계하고 있다. 테슬라, 스퀘어, 넥슨 등은 자산보유를 목적으로 디지털 자산에 접근하고 있고 페이팔, 비자, 마스터카드 등은 자사의 핵심역량인 결제서비스 확대를 목적으로 디지털 자산을 활용하고 있다.

국내 거대 IT 기업들도 디지털 자산시장을 선점하기 위해 발 벗고 나섰다. 카카오, 네이버, 다날 등의 국내 테크핀 기업들은 직접 디지털 자산을 발행하며 글로벌 패권 전쟁에 뛰어들었다. 2017년의 암호화폐는 2020년에는 디지털 자산으로 관점이 바뀐 것뿐만 아니라 생태계 확장의 속도도 더욱 가속화되고 있다. 지금 이 순간에도 디지털 자산시장은 변화하고 있다. 누가 먼저 이를 어떻게 이해하고 적응하며 선도해나가느냐가 미래의 생존 싸움에서 유리한 고지를 선점하게 해줄 것이다. 이미 메가 트렌드 변화를 위한 주사위는 던져졌다. 독자 여러분도 이에 동참할 용기가 생겼는가?

새로운 시대의 부, 디지털 자산이 온다

초판 1쇄 발행 2021년 10월 20일
초판 4쇄 발행 2022년 1월 20일

지은이 정구태
펴낸이 성의현
펴낸곳 ㈜미래의창

편집주간 김성옥
편집진행 최승헌
홍보 및 마케팅 연상희·김지훈·이보경·김다울

출판 신고 2019년 10월 28일 제2019-000291호
주소 서울시 마포구 잔다리로 62-1 미래의창빌딩(서교동 376-15, 5층)
전화 070-8693-1719 **팩스** 0507-1301-1585
홈페이지 www.miraebook.co.kr
ISBN 979-11-91464-55-9 03320

생각이 글이 되고, 글이 책이 되는 놀라운 경험, 미래의창과 함께라면 가능합니다. 책을 통해 여러분의 생각과 아이디어를 더 많은 사람들과 공유하시기 바랍니다.
투고메일 togo@miraebook.co.kr (홈페이지와 블로그에서 양식을 다운로드하세요)
제휴 및 기타 문의 ask@miraebook.co.kr